세계 시민 수업

세계 시민

참여와 실천으로 세상을 바꾸다

장성익 글 | 오승민 그림

차례

수업을 시작하며 6

01 서로 연결된 세상
벽을 넘어서 12
나와 세계는 어떻게 연결돼 있을까? 15
세계화가 안겨 준 선물 18
세계화의 두 얼굴 21
꼬마 시민 카페 '위험'으로도 연결된 세계 24

02 세계화의 그늘
티셔츠에 담긴 세상 28
슬픈 초콜릿, 부끄러운 햄버거 31
아이와 어른이 달리기 경주를 한다면 36
세계화가 남긴 것 40
자연도 죽고 사람도 죽고 46
하나의 지구? 48
세계화가 세계 시민에게 51
꼬마 시민 카페 '착한' 세계화의 길, 공정 무역 54

03 세계 시민이란?
타인의 고통을 나의 아픔으로 58

세계 전체를 품에 안은 혁명가　61
절망의 땅에 한 줄기 빛을　63
세계 시민은 왜 등장했을까?　65
이런 사람이 세계 시민　68
문을 열고 다리를 놓자　70
공감과 소통, 그리고 친절　73
참여와 실천이 세상을 바꾼다　77
꼬마 시민 카페　세계 시민 정신을 실천하는 단체들　80

04 세계 시민이 부딪히는 문제들

'독가스의 아버지'와 '원자 폭탄의 아버지'　84
국가를 어떻게 봐야 할까?　89
이분법을 넘어서　93
나와 '다른 것'을 어떻게 봐야 할까?　96
다양성과 차이에서 배우자　100
'용광로' 대신 '비빔밥'을　103
꼬마 시민 카페　여섯 달마다 간판이 바뀌는 식당　106

05 세계 시민이 되려면

내 안에 새겨진 세계 시민 유전자　110
작은 일로부터, 내 주변에서부터　112
세상을 움직이는 것　117
기적을 일으키는 힘　121
꼬마 시민 카페　자연의 목소리가 세계 시민에게　126

수업을 마치며　128

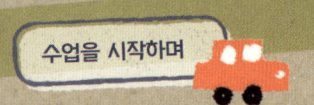 수업을 시작하며

숲을 키우는 연어처럼

'연어가 숲을 키운다.'라는 말이 있어. 연어는 특이하게도 강과 바다를 오가며 사는 물고기야. 연어가 처음 알에서 태어나는 곳은 강 상류지만 그 뒤 강을 타고 내려와 바다로 가. 바다에서 생활하는 기간은 연어 종류에 따라 달라. 보통 짧게는 일이 년에서 길게는 오육 년까지 걸려. 그런 뒤 연어는 정확하게 자기가 태어난 강으로 다시 돌아가. 신기하지? 이제 연어는 온 힘을 다해 강 상류로 거슬러 올라가. 이윽고 상류에 도착하면 암수가 만나 짝짓기를 해서 알을 낳은 뒤 일생을 마쳐.

연어가 오르내리는 강 주변에는 곰들이 많이 몰려들어. 연어를 아주 좋아하는 게 곰이거든. 곰은 겨울을 나기 전에 먹이를 많이 먹어 몸속에 지방을 가득 비축해 둬야 해. 때문에 연어가 곰의 훌륭한 식량이 되는 거지. 연어를 먹은 곰은 강 주변의 숲 여기저기에 배설물을 잔뜩 내놓는데, 바로 이것이 연어가 숲을 키우는 비결이야. 숲의 토양을 기름지게 해 주는 게 곰의 배설물이거든. 게다가 곰이 먹다

 남긴 연어는 숲에서 살아가는 다른 동물들의 소중한 먹이가 돼. 즉, 숲 생태계 전체를 풍요롭고 건강하게 해 주는 게 연어야.

 자, 얘기를 정리해 보자. 숲을 키우는 건 곰의 배설물이야. 곰을 키우는 건 연어야. 연어를 키우는 건 바다의 플랑크톤이야. 연어가 긴 여행을 할 수 있게 해 주는 것은 강이야. 이처럼 자연은 서로 연결된 생명 세계의 그물망으로 이루어져 있어. 모든 것이 서로 연결되어 하나로 존재하는 것이 자연의 참모습이지. 이 속에서 서로 관계를 잇고 엮어서 자연의 조화로운 질서와 생명의 풍요를 일구고 있어.

 사람이 살아가는 이 세상은 어떨까? '지구촌'이라는 말이 상징하듯 세계와 인류가 서로 연결돼 있는 건 자연과 마찬가지야. 특히 지금 우리는 나라 사이의 장벽이 낮아지고 세계 전체가 서로 연결되고 하나로 통합되는 세계화 시대를 살고 있어. 수많은 상품과 사람이 나라 사이를 자유자재로 오가고, 까마득히 먼 지구 반대편에서 일어난 일도 실시간으로 바로 알 수 있잖아?

하지만 지구촌에는 온갖 문제가 끊이지 않고 있어. 빈곤과 불평등, 환경 파괴와 에너지 위기, 전쟁과 폭력, 독재와 인권 유린, 차별과 혐오 등이 대표적이지. 이 책의 주제인 '세계 시민'이 소중한 이유가 여기에 있어. 우리 모두는 서로 연결돼 있기 때문에 세계에서 벌어지는 일이 곧 나의 일이고, 나한테 벌어지는 일이 곧 세계의 일이기도 해. 세계와 내가 서로 영향을 미치면서 상호 작용하고 있는 것이 지금의 세상이 돌아가는 모습이야. 우리는 한 가족의 구성원이고 한 지역의 주민이고 한 나라의 국민이지만, 동시에 지구촌의 공동 구성원이기도 해.

세계 시민이란 이처럼 모든 것이 연결돼 있다는 사실을 깨닫고 모두가 더불어 행복하게 사는 세상을 만들려고 애쓰는 사람이야. 세계 전체를 바라보는 시각으로 세상과 자기 삶을 이해하고 지구촌에서 벌어지는 여러 문제를 함께 해결하려고 노력하는 사람이라는 거지. 달리 말하면 자기만의 좁은 이익이나 관점을 고집하기보다는 열린 마음

으로 다른 사람을 끌어안을 뿐만 아니라, 나와 다른 존재들과 공감하고 소통할 줄 아는 사람이라 할 수도 있고.

  이 책에서는 지구촌에서 벌어지고 있는 문제는 무엇인지, 세계 시민은 왜 필요한지, 어떤 마음가짐과 자질을 갖춰야 하는지 등을 이야기하고 있어. 책을 읽어 나가다 보면 세계 시민이 아주 멋진 사람이며, 세계 시민으로 성장하는 것이 그리 어렵지 않다는 걸 알게 될 거야. 그러고 나서 편견, 대립, 증오, 무관심 등으로 둘러싸인 벽과 울타리를 허물고, 이 세상을 모든 이가 조화롭게 공존하는 아름다운 '숲'으로 가꾸어 나가자꾸나. 강을 거슬러 올라가 숲을 키우는 연어처럼 말이야.

서로 연결된 세상

오늘날 세계는 '세계화'라는 하나의 울타리로 묶여 있어.
나라를 구분해 주는 경계가 흐릿하게 느껴질 만큼
아주 촘촘하게 연결되어 있지.
전 세계가 경제, 문화, 정치, 사회, 환경 등 모든 분야에서
서로 영향을 주고받고 있기 때문이야.
사람들은 일상생활 속에서도 세계화를 느끼고
세계 속 변화를 실시간으로 알 수 있게 되었어.
그 변화의 중심에 선 우리는
어떤 가치를 품고 어떤 선택을 해야 할까?

벽을 넘어서

2019년은 우리나라에서 영화가 탄생한 지 100주년이 되는 해야. 이런 뜻깊은 때에 우리나라 영화감독이 권위 있는 국제 영화제에서 최고상을 받았어. 주인공은 봉준호 감독이라는 사람이야.

봉준호 감독은 2019년 5월 말 세계 3대 국제 영화제 가운데 하나로 꼽히는 프랑스의 칸 영화제에서 〈기생충〉이라는 영화로 황금종려상을 받았어. 이 상은 칸 영화제의 본선 경쟁 부문에 초청된 작품 가운데 가장 뛰어나다고 평가받는 작품을 만든 감독에게 주어지지.

물론 유명하다는 영화제에서 상 한번 받았다고 우쭐댈 일은 아니야. 사실 외국에서 무슨 상이라도 받았다 하면 지나치게 호들갑을 떠는 게 우리 사회의 풍토이기도 해. 하지만 분명한 사실이 있어. 우리나라 영화가 국제적으로도 통하고 또 세계로 퍼져 나가고 있다는 점이야. 아이돌 그룹 방탄소년단(BTS)도 비슷한 사례라고 할 수 있겠지? 우리나라 가수가 한국말로 노래를 부르는데도 전 세계적으로 엄청난 인기를 끌고 있으니 말이야.

이처럼 오늘날에는 문화가 한 나라 안에만 머물지 않고 수많은 세계 사람과 호흡을 함께하고 있어. 미국의 할리우드 영화가 전 세계 여러 나라에서 동시에 개봉되는 것도 이런 현실을 잘 보여 주지. 문화 분야만의 일은 아니야. 모든 것이 서로 연결되고 뒤섞이는 게 오늘날 세상이 돌아가는 방식이라고 할 수 있어.

2018년 말 기준으로 우리나라에 살거나 머물고 있는 외국인 수를 모두 합치면 무려 240만 명에 가까워. 우리나라 전체 인구 5,200만 명의 약 5퍼센트에 이르는 사람이 외국인이라는 얘기지. 그래서 요즘은 어딜 가든 외국인을 마주칠 수 있어. 2018년 한 해에 공항을 통해 우리나라를 드나든 외국인 수를 조사해 보니 3,100만 명이 넘는다는 통계가 있을 정도야.

바로 이런 게 세계화야. 세계가 점점 더 가까워지고 국가든 개인이든 이전에 비해 훨씬 더 많은 영향을 서로 주고받게 된 거대한 변화의 흐름을 일컫는 말이지. 이에 따라 오늘날 세계는 갈수록 하나의 틀로 묶이고 있어. 나라들 사이의 경계가 흐릿해지는 대신 세계 전체가 울타리를 넘어 하나로 통합되고 있다는 거지.

'지구촌'이라는 말을 자주 들어 봤지? 여기서 '촌(村)'은 마을이라는 뜻이야. 세계 전체가 하나의 마을처럼 여겨지고 세계 사람들이 이웃처럼 가까워졌다는 얘기지. 이는 우리가 생활하는 모습을 생각해 봐도 금세 알 수 있어.

예를 들어 아침에 하는 일을 한번 떠올려 볼까? 미국 등지에서 생산된 밀로 만든 빵으로 식사를 하고, 동남아시아의 어느 공장에서 만든 옷을 입고서, 중동의 어느 나라에서 수입한 석유로 운행하는 차를 타고 직장이나 학교에 가는 사람이 아주 많을 거야.

그뿐만 아니라 비행기만 타면 지구 반대편에 있는 나라를 하루 만에도 갈 수 있고, 지구 곳곳에서 일어나는 일들을 실시간으로 알 수 있어. 게다가 요즘은 인터넷을 활용해 외국에서 파는 물건을 자기 집 안방에서 직접 사는 사람이 급속도로 늘고 있어. 아무리 멀리 떨어진 외국이라고 해도 그렇게 멀게 느껴지지 않는 건 이런 이유 때문이야.

나와 세계는 어떻게 연결돼 있을까?

세계화 시대의 가장 두드러진 특징은 '연결'이야. 나라와 나라, 지역과 지역뿐만 아니라 개인과 세계도 아주 다양한 연결 고리로 서로 엮이고 있지. 이것은 이 책의 주제인 세계 시민 이야기의 전제이자 바탕이 되는 것이므로 조금만 더 살펴보자.

먼저, 모든 사람은 생물학적으로 연결돼 있어. 최근 눈부신 발전을 거듭하고 있는 유전자 연구는 수많은 나라에서 살아가는 다양한 사람들의 조상이 어디서 온 누구인지를 정확하게 밝혀내고 있어. 이에 따르면 어떤 민족이 자기들만의 순수하고 동일한 핏줄로 이루어졌다고 여기는 '단일 민족' 개념은 허구에 지나지 않아. 서로 다른 나라 사람 사이의 유전적 차이는 아무리 크게 잡아도 0.1퍼센트 정도에 지나지 않는다고 해. 모든 인류는 국가, 민족, 인종 따위를 떠나 본래 '하나'라고 할 수 있다는 거지. 물론 세월이 흐르고 사람들이 지구 곳곳으로 흩어져 살게 되면서 몸과 얼굴의 특징, 피부 색깔, 언어 등이 달라지긴 했지.

환경과 생태 측면은 어떨까? 공기와 물에는 경계가 있어? 두말할 나위도 없이 자연 입장에서 국경은 아무런 의미가 없어. 해마다 북쪽 끝 시베리아와 남쪽 끝 오스트레일리아를 오가는 철새인 도요새에게

인간들이 만들어 놓은 국가란 게 어떤 의미가 있을까? 환경 오염도 그래. 지구가 더워지는 지구 온난화와 이것이 일으키는 기후 변화는 나라나 지역을 가리지 않아. 중국에서 발생하는 미세 먼지가 우리나라를 덮치고, 어느 곳에서든 원자력 발전소에서 대형 사고가 나면 방사능이라는 '죽음의 물질'이 바람이나 물을 타고 전 세계로 퍼져 나가지. 내가 무심코 버린 쓰레기가 바다로 흘러 들어가 저 머나먼 태평양을 떠돌며 물고기들을 죽음으로 내몰기도 하고.

경제는 어떨까? 오늘날 경제는 세계화 경제야. 세계 전체가 하나의 경제권이지. 상품, 돈, 사람, 정보 등이 전 세계를 무대로 삼아 수많은 나라를 자유자재로 넘나들고 있어. 먹거리만 봐도 그래. 우리가 먹는 음식의 대부분은 외국에서 수입한 것들이야. 지구 반대편에서 발생한 금융 위기 탓에 우리나라 경제가 휘청거리기도 해. 국제 석유 가격이나 원자재 값이 오르내림에 따라 수많은 나라의 경제가 웃기도 하고 울기도 하는 게 지금의 경제 현실이지.

문화도 마찬가지야. 지구촌 전체가 다양한 외국 사람들과 어울려 살아가는 다문화 사회로 바뀌는 것, 전 세계 사람들이 같은 음악이나 영화를 즐기는 것 등이 대표적인 보기야. 종교도 그래. 우리 사회에는 불교나 기독교 신자들이 많아. 유교 문화도 아직 뿌리 깊게 남아 있지. 이 모두 외국에서 탄생해 우리나라로 전래된 종교들이야. 이렇듯 세계 모든 나라 사람이 문화적인 '뒤섞임' 속에서 살아가고 있어.

정치라고 다를까? 오늘날 자기 나라 바깥에서 불어오는 정치적 바람의 영향을 받지 않는 나라는 없어. 최근 우리가 살아가는 한반도에는 남한과 북한 사이에 오랜 적대 관계를 끝내고 평화를 이루자는 움직임이 일고 있어. 하지만 미국을 비롯해 주변 여러 나라가 협력하지 않으면 평화를 이루기는 대단히 힘들어. 좋든 싫든 이게 엄연한 현실이야. 유엔(UN) 같은 국제기구에서 결정한 일이나 여러 나라가 모여 만든 국제 협약이 세계 모든 나라의 정치와 정책 결정에 영향을 미치기도 해. 정치 차원에서도 세계는 서로 영향을 주고받으며 긴밀하게 얽혀 있다는 얘기지.

이처럼 오늘날 세계화는 사람들의 일상생활은 물론 정치, 경제, 사회, 문화, 환경 등 모든 측면에서 이전과는 근본적으로는 다른 커다란 변화를 일으키고 있어.

세계화가 안겨 준 선물

세계화는 어떻게 가능해졌을까? 드넓은 지구상의 수많은 나라와 사람이 하나로 연결된다는 건 결코 쉬운 일이 아닐 텐데 말이야.

가장 먼저 꼽을 수 있는 요인은 뭐니 뭐니 해도 교통과 통신의 눈부신 발달이야. 서로가 가까워진다는 건 한마디로 소식을 주고받거나 오가는 것이 쉬워진다는 걸 뜻해. 이것을 가능하게 해 준 것이 비행기와 같은 교통수단의 발달과 전화, 인터넷 같은 통신 수단의 발달이야.

경제 교류 범위가 급속도로 넓어진 것 또한 아주 중요한 요인이야. 사실 세계화의 출발점이나 세계화 흐름을 밀고 나가는 가장 강력한 동력은 경제 쪽에서 찾을 수 있어. 나라들 사이에 자원이나 상품을 사고파는 무역이 늘어나는 게 핵심이지. 요즘의 경제는 한 나라로 한정되지 않아. 시장이라는 하나의 거대한 그물망으로 모든 나라가 연결되고 통합되었어. 자원과 상품은 물론 자본, 사람, 서비스, 정보와 지식 같은 것들도 자유자재로 국경을 넘나들며 세계를 오가는 시대가 펼쳐지고 있다는 얘기지.

유럽 연합(EU)이 좋은 보기야. 유럽 연합은 유럽의 정치와 경제 통합을 위해 유럽 지역의 28개 나라가 모여 만든 거대한 국제 조직이야. 유럽 연합 회원국들은 '유로'라는 하나의 화폐를 사용해. 그 이전에는 나라마다 서로 다른 화폐를 사용했어. 예컨대 우리나라의 원, 미국의 달러처럼 프랑스는 프랑, 독일은 마르크, 이탈리아는 리라를 쓰는 식이었지. 뿐만 아니라 유럽 연합에 속한 나라 사람들은 28개 회원국 전체를 마치 하나의 나라처럼 자유롭게 돌아다니며 취직할 수도 있고 사업도 벌일 수 있어.

세계화 흐름이 거세지면서 경제 활동의 양상도 크게 달라졌어. 하나의 거대한 기업이 여러 나라에 생산 공장이나 지사를 두고 이곳들에서 생산, 유통, 판매 활동 등을 벌이는 경우가 부쩍 늘어났거든. 기업의 활동 범위가 세계적 규모로 커졌다는 얘기지. 이런 기업을 다국적 기업이라 불러. 게다가 엄청난 규모의 금융 투자나 거래가 수시로, 그것도 실시간으로 이루어지기도 해. 이런 변화는 각 나라 경제나 사람들의 생활에 아주 큰 영향을 미치기 때문에 뒤에서 좀 더 자세히 살펴볼 거야.

이런 세계화는 어떤 이득이나 혜택을 안겨 줬을까? 먼저 기업은 기술을 개발하거나, 생산 비용을 줄이거나, 상품을 판매하는 등 여러 측면에서 더 유리해졌어. 소비자 입장에서는 더 다양하고 싸고 훌륭한 제품을 편리하게 살 수 있게 됐어. 나라에 따라서는 일자리가 더 많아지거나 앞선 기술을 손쉽게 들여오거나 사람들 소득이 늘어나기도 해. 사람들의 활동 무대가 전 세계로 넓어진다거나, 문화 교류가 활발해져서 많은 사람이 세계 곳곳의 문화와 예술을 편리하게 즐길 수 있게 된 것도 빠뜨릴 수 없지.

또 한 가지 눈여겨볼 게 있어. 한 나라 안에서만 생기는 것도 아니고 한 나라의 노력만으로는 해결할 수 없는 문제들이 갈수록 많이 발생한다는 점이야. 지구 온난화 같은 환경 문제, 난민 문제, 세계적 불평등이나 전쟁을 막는 일 등이 그런 보기들이지. 세계화는 이런 지구 공동의 문제를 함께 힘을 합쳐서 해결할 수 있는 토대를 만들어 주고 있어. 세계화 덕분에 여러 나라가 협력하기가 쉬워지고 세계 각지 시민들의 연대 활동도 활발해질 수 있으니까 말이야.

세계화의 두 얼굴

세계화에는 좋은 점만 있을까? 당연히 그건 아니야. 세계화가 일으키는 문제들이 갈수록 많아지고 심각해지는 게 또 하나의 현실이야. 세계화는 '빛'과 함께 '그늘'도 짙게 드리우고 있어. 이 때문에 세계화를 어떻게 볼 것인지를 둘러싸고 뜨거운 논쟁이 벌어지고 있어.

먼저 세계화를 찬성하는 사람들의 얘기를 들어 볼까? 이들은 세계화 덕분에 나라들 사이에 상품, 자본, 사람 등의 이동이 자유로워졌고 그 결과 세계 전체의 부(富)가 늘어났다고 주장해. 세계화가 부유한 선진국과 가난한 저개발국 사이의 격차를 줄이고, 가난한 나라 사람들을 이전보다 더 잘살게 해 주었다는 거지.

이들은 또한, 서구 선진국 사람들이 앞장서 누리던 자유나 인권 같은 가치들이 세계 전체로 퍼지면서 수많은 세계 사람이 보다 나은 삶을 살게 됐다고 주장하기도 해. 문화 쪽도 비슷한 주장이야. 이들은 나라들 사이의 문화 접촉이나 교류가 늘어남으로써 각 나라가 다른 나라의 문화를 쉽게 받아들이고, 이에 따라 문화 다양성이 늘어난다고 얘기해.

세계화를 비판하는 사람들의 얘기는 전혀 달라. 경제의 세계화는 막대한 자본과 권력을 가진 거대 기업들과 선진 강대국들에게 매우 유리하기 때문에 이들이 세계 경제를 쥐락펴락하게 됐다는 게 이들의 주장이야. 이렇게 부나 권력이 한쪽으로 쏠리는 탓에 세계적 차원에서 빈부 격차와 양극화, 실업 등과 같은 문제들이 더 심각해진다는 얘기지. 세계화로 경제적 부 자체는 더 늘어날 수 있지만, 이것이 불공평하게 나누어지는 탓에 국가나 기업은 부유해지는 반면에 일반 사람들은 가난과 불평등의 덫에서 헤어 나오지 못한다는 거야.

문화 쪽은 어떨까? 이들은 세계화 과정에서 경제가 모든 것을 지배하게 되는 바람에 문화도 상품으로 변했다고 주장해. 그래서 거대 자본이나 선진 강대국들이 장악하고 있는 문화가 세계를 호령하게 되고, 그 결과 세계 각지의 고유한 문화들이 파괴되면서 문화가 권력과 돈의 지배 아래 획일화될 거라고 경고하고 있어. 세계화는 여러 다른 문화를 만날 수 있게도 하지만, 실제로는 힘센 쪽의 문화를 일방적으로 퍼뜨리는 통로 역할만 할 수도 있다는 거지.

이런 양쪽의 주장을 들어 보니 어떤 생각이 들어? 사실 요즘은 세계화가 낳는 폐해에 대한 비판과 성찰의 목소리가 높아지고 있어. 우리가 주목해야 할 것도 이 점이야. 세계화의 좋은 측면이 훨씬 크다면 세계화에 대해 이러쿵저러쿵 고민할 필요 자체가 별로 없잖아. 자꾸 문제가 생기니까 논쟁이 벌어지고 어떻게든 문제 해결의 방도를 찾는 수고를 해야 하는 거지. 이어지는 2장에서 세계화의 그늘에 관한 이야기를 좀 더 해 보자.

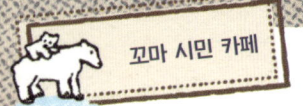
꼬마 시민 카페

'위험'으로도 연결된 세계

독일의 유명한 사회학자인 울리히 벡이 주장한 '위험 사회론'은 지구촌 전체가 하나의 공동체라는 사실을 잘 보여 주고 있어.

근대화, 산업화, 과학 기술의 발전 등이 현대인에게 물질의 풍요와 생활의 편리를 안겨 주었지만 그 대신에 새롭고도 거대한 위험을 낳았다는 게 핵심 내용이야.

위험 사회를 상징하는 대표적인 보기로는 기후 변화를 비롯한 전 지구적인 환경 위기, 핵무기와 원전 사고, 대형 재난 등을 꼽을 수 있어. 이것들이 일으키는 피해는 특정 지역이나 나라를 넘어 세계 전체로 퍼져 나가지.

현대 사회는 이런 위험을 일상 속에서 구조적으로 끊임없이 만들어 내고 있어.

전염병도 좋은 보기야. 강력한 전염병이 한번 출현하면 곧바로 다른 나라나 지역, 심지어는 세계 전체로 퍼지기도 해.

지난 2015년 메르스(중동 호흡기 증후군)라는 전염병이 우리나라를 덮친 적이 있어. 이 병에 감염돼 목숨을 잃은 사람이 38명에 이르렀고, 나라 전체가 커다란 공포와 혼란의 도가니에 빠졌지.

메르스는 중동 지역에서 처음 시작됐어.

박쥐에서 낙타를 거쳐 사람에게 전파됐다고 해.

중동 지역을 중심으로 전 세계에서 600명에 가까운 사망자가 발생했어.

우리나라의 경우는 당시 중동 지역에 출장을 갔다 온 사람에 의해 옮겨졌고.

이에서 보듯 요즘은 질병도 세계화 시대야.

누구든 언제라도 머나먼 외국에서 발생한 질병에 걸릴 수 있다는 거지.

이처럼 우리는 위험으로도 서로 연결돼 있어.

지구와 인류 전체는 '위험 공동체'라는 하나의 운명으로 엮여 있는 거야.

세계화 시대가 보여 주는 또 하나의 풍경이지.

02 세계화의 그늘

세계화의 물결을 타고 경제가 급속도로 발전하고
문화의 확산 속도가 빨라졌어.
성장의 규모가 커진 만큼 그 그림자에 가려져 있는 문제 역시 많아졌지.
나라 안팎으로 빈부의 격차가 더 벌어지고,
약한 나라는 힘이 센 나라에게 자원과 생존권을 빼앗기기도 해.
거대 다국적 기업 아래 가려진 불평등 경제 구조의 민낯은
우리도 외면할 수 없는 이야기가 되었어.
세계화의 그늘을 들여다보고 우리가 나아가야 할
'새로운 세계화'에 대해 생각해 보자.

티셔츠에 담긴 세상

면 티셔츠는 많은 사람이 즐겨 입는 옷이야. 편안하고 땀도 잘 흡수하고 바람도 잘 통하지. 아마 대부분 한두 벌 이상은 가지고 있을 거야.

면 티셔츠는 면화, 곧 목화로 만들어. 그래서 면 티셔츠 이야기는 면화 농사 이야기에서 시작돼. 면화는 물을 무척 좋아하는 작물이야. 면화 농사를 지으려면 물이 아주 많이 필요하다는 얘기지. 세계에서 네 번째로 큰 내해(內海, 육지로 둘러싸인 바다)인 중앙아시아의 아랄해에서 물이 거의 사라져 버린 것도 면화 농사 탓이야. 놀랍게도 1960년대 이후 그 드넓었던 아랄해의 물이 무려 80퍼센트나 줄어들었거든.

어쩌다 이렇게 됐을까? 아랄해 일대는 예전에 소련(지금의 러시아) 영토였어. 그때 소련 정부가 만든 대규모 국영 면화 농장에서 아랄해로 흘러 들어가는 강물을 중간에서 빼돌려 마구 사용했어. 그 탓에 오늘날 아랄해는 거친 소금 바람이 불어 대는 황폐한 사막 같은 곳으로 바뀌고 말았어.

면화 농사는 화학 물질을 많이 사용하는 것으로도 악명이 높아. 면화를 재배하는 농지는 면적만 따지면 세계 전체 경작지의 2.5퍼센트에 지나지 않아. 하지만 세계 화학 비료 사용량의 10퍼센트, 살충제 사용량의 25퍼센트를 차지하는 등 면화 농사는 환경을 크게 망가뜨리는 특성을 가지고 있어.

옷의 재료인 직물, 곧 옷감은 면화에서 뽑아낸 솜으로 만드는 거야. 여기에는 긴 생산 공정이 필요해. 뿐만 아니라 에너지를 많이 소비하는 기계들을 사용해. 이 과정에서 또다시 많은 물과 위험한 화학 물질들이 쓰이지.

이렇게 만들어진 옷감은 마지막으로 옷을 직접 만드는 공장으로 넘어가. 여기서는 어떤 일들이 벌어질까? 이들 공장은 대부분 동남아시아 등지에 있어. 여기서 일하는 노동자 대다수는 끔찍한 환경 속에서 힘겨운 노동에 시달릴 때가 많아. 그런데도 받는 돈이 너무 적어 극심한 가난에 시달리고 있지.

옷 공장을 운영하는 주체의 대부분이 다국적 기업들이라는 건 눈여겨볼 점이야. 이들이 공장을 동남아시아 등지에 두는 이유가 있어. 값싼 노동력을 이용해 물건 생산에 드는 비용을 줄일 수 있어서야. 게다가 동남아시아 등의 저개발국은 여러 가지 규제도 허술해. 예를 들어, 노동자의 인권을 침해하거나 심각한 환경 오염을 일으켜도 법적으로 책임을 묻는 일이 적어. 그래서 다국적 기업은 인간의 노동력과 자연환경을 가혹하게 착취함으로써 최대한 많은 돈을 벌겠다는 거야. 이걸 조금 어려운 말로 기업의 이윤 극대화 전략이라고 해.

이 탓에 커다란 비극이 벌어지기도 해. 지난 2013년 4월, 방글라데시의 수도인 다카 근처에 있는 라나 플라자라는 8층짜리 건물이 무너져 내리는 대형 사고가 일어났어. 그 바람에 이 건물에 있던 공장의 여성 노동자 1천여 명이 목숨을 잃고 말았어. 방글라데시에는 많은 양의 옷을 최대한 빨리 생산하려고 쉼 없이 가동하는 옷 공장이 많아. 사고가 난 공장도 그 가운데 하나였지. 노동자들은 260원밖에 안 되는 쥐꼬리만 한 시급을 받으며 납품 기한을 맞추느라 무너져 가는 공장에서 무리하게 일하다 참사의 희생양이 되고 말았어.

우리가 입는 면 티셔츠는 이런 식으로 생산되고 있어. 우리가 옷 한 벌을 입기까지 세계 곳곳에서는 자원과 에너지를 낭비하고, 환경 파괴를 일으키며, 노동자를 지나치게 착취하는 것과 같은 여러 일이 일상적으로 벌어지고 있다는 얘기지. 이처럼 옷 한 벌에도 세계 전체에서 일어나는 일들이 담겨 있어. 다른 대부분의 물건도 이와 크게 다르지 않지.

이게 일차적으로 뜻하는 바는 우리 일상생활에 세계가 깊숙이 들어와 있다는 거야. 설사 그것이 눈에 보이지 않고 손에 잡히지 않더라도 말이야. 하지만 여기서 강조할 것은 이것이 세계화 경제의 실체이자 결과라는 점이야.

세계화 경제 아래서 하나의 상품이 만들어지고 유통되고 소비되기까지는 세계 곳곳에서 아주 다양한 과정을 거쳐야 돼. 그 각각의 단계에서 어떤 일이 일어나는지 면 티셔츠 이야기가 종합적으로 보여 주고 있어.

슬픈 초콜릿, 부끄러운 햄버거

전 세계 수많은 사람이 즐기는 초콜릿은 가장 널리 세계화된 먹거리 가운데 하나야. 여러분 가운데에도 초콜릿을 좋아하는 사람이 많을 거야. 그런데 초콜릿에는 달콤한 맛만 있는 게 아니라 어둡고 슬픈 사연도 숨어 있어.

초콜릿 원료인 카카오를 세계에서 가장 많이 생산하는 나라는 아프

리카 대륙 서쪽 대서양 연안에 있는 코트디부아르야. 전 세계 카카오의 40퍼센트가 이 나라에서 나오지. 한데 이 나라의 거대한 카카오 농장들에는 서아프리카 지역 곳곳에서 온 수많은 아이가 노예 노동으로 혹사되고 있어. 그 수가 적게 잡아도 수십만 명이나 된다고 해.

이 지역 농부들은 무척 가난해. 하루 평균 수입이 2,000원 정도밖에 안 되는 사람들도 수두룩해. 그 탓에 아이들을 농장으로 내모는 경우가 많아. 아이들을 싼값에 사 오거나 그냥 잡아 와서 카카오 농장에 넘기기도 해. 이런 짓을 하는 건 대부분 인신매매꾼들이야. 이들은 보통 달콤한 거짓말로 가난에 시달리는 아이들의 부모를 속이거나 꼬드겨 아이를 데려와.

농장에서 아이들은 어떻게 지낼까? 무거운 칼이나 전기톱을 들고 높은 나무를 오르내리며 하루 종일 고된 노동에 시달리는 게 예사야. 철저한 감시를 당하며 뙤약볕 아래서 열 시간이 넘도록 죽어라고 일만 해야 한다지. 하루에 정해진 양의 일을 해내지 못하면 채찍질을 당하기도 해. 교육은 받을 엄두도 못 내고, 상당수 아이들은 초콜릿을 먹어 보기는커녕 카카오가 초콜릿의 원료라는 사실조차 모른대.

어른들도 별반 다르지 않아. 카카오 농장 노동자들은 유럽 초콜릿 소비량의 90퍼센트를 공급하지만, 정작 이들은 너무 가난해서 초콜릿을 맛볼 기회가 없어.

소비자가 초콜릿을 살 때 지불하는 돈이 100원이라면 그중에서 카카오 농장 노동자들에게 돌아가는 몫은 얼마나 될 것 같아? 기껏해야 3원밖에 되지 않아. 반면에 절반 가까이는 중간 유통업자나 슈퍼마켓 등과 같은 판매업자들이 가져가.

문제는 여기서 그치는 게 아니야. 카카오가 중요한 수출 품목으로 떠오르자 급속히 농장이 확대됐는데 이 과정에서 대규모로 열대 우림이 파괴되고 있어. 코트디부아르의 울창했던 열대 우림은 1960년대 이래 80퍼센트나 줄어들었어. 한때 열대 우림이 국토 전체의 4분의 1을 차지한 적도 있었지만 지금은 4퍼센트에 지나지 않는다고 해. 이처럼 우리가 무심코 먹는 초콜릿에는 수많은 사람의 고통과 자연의 아픔이 아로새겨져 있어.

또 하나의 대표적인 세계화 음식인 햄버거는 어떨까? 세계 곳곳에서 엄청난 수의 매장을 운영하는 거대 햄버거 기업들은 세계에서 소고기를 가장 많이 소비하기로 유명해. 햄버거에는 소고기로 만든 패티가 반드시 들어가기 때문이지. 이들 기업에서는 치킨너깃 같은 것들도 만들어 팔 때가 많아. 전 세계가 시장이니 이들 기업이 사용하는 소고기와 닭고기의 양은 엄청나.

그런데 소와 닭은 사료를 먹여야 해. 이 사료를 생산해서 수출하는 주요 나라들 가운데 하나가 브라질이야. 잘 알다시피 브라질은 세계에서 가장 거대한 열대 우림인 아마존 밀림이 있는 곳이야. 문제는 가축 사료를 만드는 데 쓰이는 콩 같은 작물을 재배하느라 이 일대 열대 우림이 마구잡이로 망가지고 있다는 점이야. 또한 여기서도 콩 농장에서 일하는 농민들은 자기들을 고용한 대지주나 농장주에게 가혹한 착취를 당하고 있어.

동물 사료용 작물을 생산하는 땅 면적이 사람이 먹는 곡물을 재배하는 땅 면적의 일곱 배나 된다는 것도 지나칠 수 없는 문제야. 동물 사료를 많이 생산할수록 사람들이 먹을 식량은 줄어드는 셈이지. 그러니 어떻게 되겠어? 햄버거 소비가 늘수록, 더 넓혀서 얘기하면 사람들이 육식을 많이 할수록 세계적으로 굶주리는 사람이 늘어날 수밖에 없겠지?

세계적으로 동물 사료를 만드는 데 많이 쓰이는 콩이나 옥수수는 유전자 조작 농작물(GMO: Genetically Modified Organism)의 대표 주자 가운데 하나이기도 해. 한데 GMO의 안전성은 아직 검증되지 않았어. GMO가 사람 몸이나 자연 생태계에 해로운 영향을 미친다는 연구 결과가 끊임없이 나오고 있거든. 때문에 GMO 사료를 먹은 가축의 고기를 사람이 먹는 건 위험한 일이야. GMO의 해로운 성분이 가축을 거쳐 사람에게도 옮겨지기 때문이지.

먹거리 세계화를 상징하는 대표 음식인 초콜릿과 햄버거에는 이처럼 어두운 그늘이 짙게 드리워져 있어. 옷이든 음식이든 세계화 덕분에 많은 세계 사람이 손쉽게 즐길 수 있는 것들이 늘어난 건 사실이야. 그렇지만 그 바탕엔 커다란 희생과 고통이 깔려 있다는 걸 잊어선 안 돼.

아이와 어른이 달리기 경주를 한다면

세계화가 일으키는 가장 큰 문제는 뭘까? 그건 전 세계 차원에서 갈수록 깊어지는 불평등과 양극화야. 우리 사회도 이 문제가 아주 심각하지. 그 이유를 한마디로 말하면 본래 세계화라는 것 자체가 소수의 특정 세력이나 집단에게 부와 힘을 집중시키는 경향이 강한 탓이야. 무슨 얘기냐고?

처음부터 경제적 이유에서 시작된 게 세계화라는 사실을 짚고 넘어가야 할 것 같아. 기업이 한 나라 안에서만 물건을 만들고 팔기보다는 세계 전체를 시장으로 삼아야 훨씬 더 많은 돈을 벌 수 있기 때문에 세계화가 이루어졌다는 얘기지. 국가 사이의 장벽이 낮아지고, 물건이든 사람이든 돈이든 국경에 관계없이 전 세계를 자유롭게 오가는 것이 세계화의 가장 중요한 '알맹이'가 된 것도 이런 배경에서야.

결국, 세계화를 낳았고 이끌어 가는 근본 동력은 기업과 자본, 곧 돈의 힘이라고 할 수 있어. 어떻게든 이윤을 더 많이 얻으려는 자본의 요구가 세계화의 가장 강력한 '엔진'이라는 뜻이지. 문화의 세계화 등은 이런 세계화 경제의 결과야. 게다가 세계화 흐름이 갈수록 거세지면서 문화도 하나의 '상품'으로 변한 것이 지금의 현실이야.

문제는, 이렇게 해서 막대한 이익을 챙기는 것은 대개 소수의 거대 기업이나 대규모 투자를 일삼는 금융 자본, 그리고 부자들이라는 사실이야. 왜 그러냐면 세계화가 진전될수록 세계적으로 경쟁이 치열해질 수밖에 없는데, 돈과 힘을 많이 가지고 있을수록 경쟁에서 이기기 쉽기 때문이야.

때문에 대다수 보통 사람은 갈수록 가난해지고 있어. 이런 현상은 이른바 선진국이나 개발 도상국을 가리지 않고 일어나고 있어. 특히 세계화 바람을 등에 업고서 경제 발전을 이루려고 몸부림치는 개발 도상국에서는 세계화가 더욱 심각한 문제들을 낳고 있어. 아이들마저 고된 노동에 동원돼 시달린다든가, 노동자들이 지나친 착취를 당한다든가, 환경이 파괴되고 농업이 무너진다든가, 실업이 늘어나는 것 등이 대표적이지.

가장 눈여겨볼 건 다국적 기업이야. 세계화 과정에서 가장 많은 돈을 벌어들이고 그 결과 가장 큰 힘을 갖게 된 것이 이들이기 때문이야. 이들이 주도하는 세계화 경제는 무한 경쟁과 자유 무역을 지향해. 그래서 이들은 국가의 간섭을 반대하면서 자신들의 활동에 방해가 되는 거추장스러운 법, 제도, 규제 정책 같은 것들을 없애거나 줄이라고 요구해. 자신들에게 최대한 자유로운 활동을 보장해 주어야 경제가 성장하고 무역도 늘어날 거라고 주장하면서 말이야.

    이런 식의 논리를 흔히 '신자유주의'라 불러. 애초 세계화의 방아쇠를 당긴 것도, 세계화된 세상을 가장 강력하게 지배하는 논리도 이 신자유주의야. 그런데 이것은 '강한 자'에게 유리한 주장이야. '자유로운 경쟁'의 결과는 뭘까? 이를테면 유치원생과 대학생을 똑같은 출발선에 놓고 '자유롭게' 달리기 경주를 시키면 어떻게 될까? 결과는 불을 보듯 빤하겠지? 이런 식의 경쟁을 벌이자고 주장하는 게 신자유주의 세계화 경제야. 세계화 흐름 아래서 부자는 더욱 부유해지는 반면 가난한 사람은 더욱 가난해지는 불평등과 양극화가 깊어지는 건 이 때문이야.

    세계화 경제의 핵심 가운데 하나인 자유 무역만 봐도 그래. 무역으로 큰 이득을 얻는 것은 힘세고 강한 쪽이야. 예를 들어, 세계화 바람을 타고 수많은 나라의 시장이 개방되어도 가난한 나라는 높은 값에 팔 상품 자체가 별로 없어. 이에 비해 서구 선진국들은 가난한 나라들한테서 지하자원 같은 원재료를 아주 싼값에 수입해. 선진국들은 힘을 앞세워 원재료 가격을 자신들이 결정할 때도 많아. 그러고선 그 원재료로 갖가지 상품을 만들어 다른 나라들에 비싼 값으로 파는 거야.

식량도 비슷해. 부유한 나라들은 가난한 나라들이 생산한 식량을 아주 싼값에 대량으로 수입해. 그렇지만 이익의 대부분은 그 식량의 운송, 무역, 가공, 저장, 판매 등을 맡고 있는 선진국의 거대 기업들에게 돌아가기 일쑤야. 그러니 그 식량을 생산한 농민들에게 돌아가는 몫은 아주 적어. 세계화 경제의 실상을 압축적으로 보여 주는 게 식량을 비롯한 먹거리 분야이므로 이 문제는 좀 더 자세히 살펴보자.

세계화가 남긴 것

오늘날 세계 먹거리 시장을 장악하고 있는 건 소수의 다국적 기업이야. 예를 들어 볼까? 밀, 쌀, 옥수수 등은 대다수 세계 사람이 주식으로 먹는 중요한 곡물이야. 한데 몇 안 되는 거대 곡물 다국적 기업이 이들 곡물의 세계 전체 무역량 가운데 80퍼센트를 차지하고 있어. 이들 기업은 흔히 '곡물 메이저'라 불리기도 해. 영어 단어 '메이저(major)'는 '큰, 주요한, 대기업' 등을 뜻해. 곡물 분야를 지배하는 거대한 기업이라는 뜻에서 이런 말이 붙은 거지.

우리나라도 예외가 아니야. 우리나라는 식량 자급률이 30퍼센트도 채 되지 않아. 이런 상태에서 이들 몇 개 거대 기업이 우리나라 수입 곡물 시장에서 차지하는 비중은 60퍼센트가 넘어. 우리의 생존이 걸린 먹거리가 이들 거대 기업의 손아귀에 들어 있다고 하면 지나친 호들갑일까? 먹지 않고선 살 수 없는데 이런 현실을 그냥 내버려 둬도 될까?

농사와 먹거리의 출발점인 씨앗은 어떨까? 본래 세계 종자(씨앗) 시장의 최강 지배자는 몬산토라는 기업이었어. 세계 종자 시장의 43퍼센트, 유전자 조작 먹거리의 90퍼센트를 장악하고 있었지. 그런데 지난 2016년에 독일의 제약 기업이자 화학 기업인 바이엘이 몬산토를 인수했어. 이로써 몬산토보다 더 거대한 공룡 기업이 탄생했어. 바이엘은 오늘날 세계 전체 종자 시장의 50퍼센트를 지배하고 있어.

이처럼 최근 다국적 기업들은 서로 손을 잡거나 여러 기업이 하나의 기업으로 합쳐지기도 해. 예를 들면 곡물 기업과 농약 기업과 종자 기업이 서로 힘을 모으는 식이지. 이렇게 하는 이유는 먹거리의 출발점인 종자에서 종착역인 식탁에 이르기까지 먹거리의 모든 과정을 보다 완벽하게 장악하기 위해서야. 그러니 종자와 먹거리나 농업과 관련된 거의 모든 돈벌이 사업이 거대 기업들의 손아귀에 들어갈 가능성이 높아. 전 세계가 이들 기업의 '놀이터'이자 '먹잇감'으로 전락하고 있다는 비판이 나올 정도지.

반면에 생산자인 농민과 소비자는 어떻게 될까? 이들은 큰 피해를 볼 수밖에 없어. 농민은 종자부터 농약, 비료, 농기계, 생산물의 가공과 판매 등을 기업에 의존하는 탓에 독립성과 자율성을 잃게 돼. 어떤 작물을 어떤 방식으로 생산할지, 수확물을 어디서 어떻게 팔지 등을 결정하는 건 직접 농사를 짓는 농부가 아니야. 기업이야. 이런 구조에서 농사로 생기는 수익의 대부분을 농부가 아닌 기업이 가져가는 건 당연한 일이겠지?

　소비자도 피해자이기는 마찬가지야. 자신이 먹는 먹거리를 누가 어디서 어떻게 생산했는지, 어떤 경로와 절차를 거쳐 내 입에 들어오게 됐는지를 아는 사람은 많지 않아. 소비자는 좋든 싫든 거대 기업이 지배하는 시장에서 먹거리를 그냥 사 먹기 일쑤야. 건강이나 생명에 큰 영향을 미치는 일임에도 대부분은 그저 무력하고 수동적인 단순 소비자에 지나지 않는다는 거지. 생산자인 농민이든 소비자든 수많은 사람이 소수의 거대 기업들에 깊이 종속돼 있는 게 세계화 경제의 민낯이야.

　세계화 경제로 한 나라 농업의 토대가 무너져 내리기도 해. 이것을 극적으로 보여 주는 사례가 필리핀이야. 필리핀 사람들의 주식은 우리처럼 쌀이야. 쌀농사가 그만큼 중요하다는 얘기지. 필리핀은 본래 기후 특성 덕분에 1년에 세 번이나 쌀을 수확할 수 있었어. 1990년대 이전만 해도 필리핀 농부 대다수가 재배한 농작물은 쌀과 옥수수였어. 농사짓는 형태도 가족을 중심으로 하는 자급농이었고. 자급농이란 자신들이 먹을 것을 중심으로 농작물을 재배하는 소규모 농사 형태를 말해.

그런데 이 나라에도 세계화 물결이 들이닥치면서 다국적 기업이 몰려들기 시작했어. 이들은 쌀이나 옥수수를 재배하던 곳에서 대규모로

바나나를 생산하기 시작했어. 적은 비용으로 필리핀에서 바나나를 대량 생산한 뒤 외국에 수출하는 게 이들의 목적이었지. 그래야 큰돈을 손쉽게 벌 수 있으니까. 그 바람에 많은 필리핀 농경지가 외국계 기업의 손으로 넘어갔어.

농민들은 어떻게 됐을까? 전통적으로 농사를 지으며 자급자족하던

이들은 삶의 방식에 큰 변화를 겪어야 했어. 거대 기업이 운영하는 농장에서 푼돈을 받으며 일하는 농업 노동자로 전락하고 만 거야. 스스로의 힘으로 생계를 꾸리던 사람들이 기업에 좌지우지되는 노예와 같은 삶을 강요받게 됐다는 얘기지.

이러는 동안 정부는 뭘 했을까? 어이없게도 필리핀 정부는 상황을 더욱 악화시켰어. 1990년대부터 '모자라는 쌀은 수입하면 된다.'라며 농업을 지원하는 나라 예산을 크게 줄여 버렸거든. 농업을 가볍고 하찮게 여기는 정책을 펼친 거야.

1980년대까지만 해도 필리핀은 세계적으로도 쌀을 많이 수출하는 나라로 유명했어. 생산하는 쌀이 풍족했기에 국민들이 먹고도 남았다는 얘기지. 하지만 다국적 기업의 진출로 농업이 치명타를 맞으면서 2000년대 이후에는 세계에서 쌀을 가장 많이 수입하는 나라가 되고 말았어.

우리나라는 괜찮을까? 우리나라 농업도 위태롭긴 마찬가지야. 우리나라는 오랫동안 공업화 중심의 경제 성장을 추진해 온 탓에 농업은 소홀히 여겨 왔어. 이에 더해 세계화 경제의 충격으로 값싼 외국산 농산물이 쏟아져 들어오면서 농업의 기반이 심각하게 흔들리고 있어. 필리핀의 경험을 강 건너 불 보듯 할 수 없는 까닭이야.

자연도 죽고 사람도 죽고

좀 전에 '곡물 메이저' 이야기를 했는데 '석유 메이저'라는 것도 있어. 먹거리뿐만 아니라 석유를 비롯한 에너지 분야도 소수의 다국적 기업이 지배하고 있다는 뜻이지. 이들이 일으키는 갖가지 문제들은 재앙이라고 해도 지나친 말이 아니야.

남미 대륙의 에콰도르에는 오리엔테라 불리는 지역이 있어. '지구의 허파' 구실을 하는 아마존 열대 우림의 서쪽 끝자락에 자리하고 있는 곳이지. 셰브론이라는 미국의 거대 석유 기업이 이곳에서 석유를 탐사하기 시작한 것은 1964년부터야. 몇 년 뒤 대규모 유전을 찾아냈는데, 이때부터 문제가 생기기 시작했어. 셰브론은 20년이 넘는 세월에 걸쳐 350여 개에 달하는 유정을 파서 마구잡이로 원유를 퍼 올렸어. 그리고 나서 원유를 팔아 막대한 돈을 번 뒤 1992년에 사업을 접고 에콰도르를 떠났어.

문제는 석유를 생산하는 과정에서 엄청난 양의 오염 물질과 몸에 해로운 폐수, 그리고 기름이 쏟아져 나왔다는 점이야. 셰브론은 아마존 밀림 곳곳에 구덩이를 파고 정화 처리도 하지 않은 어마어마한 양의 기름을 그냥 내다 버렸어. 그러니 어떻게 됐을까? 원주민들의 생계가 걸린 농사는 엉망진창이 되고 말았어. 가축은 떼죽음을 당했고,

강물과 땅과 숲은 치명적으로 망가졌어.

  암으로 죽는 사람도 숱하게 생겨났어. 최근까지 암으로 사망한 사람이 1,400명에 이른다고 해. 다수의 원주민이 지금까지도 기형아 출산, 유산, 피부 질환 등과 같은 고통을 호소하고 있어. 이곳 주민들은 "우리 아이들이 물을 검은색으로 알고 자랄 것 같아 너무 슬프다."라고 얘기한대. 수많은 사람과 생명체가 깃들어 살아가던 곳이 끔찍한 '죽음의 땅'으로, 더러운 '산업 쓰레기장'으로 바뀌고 만 거야.

  이런 고통을 당한 원주민들이 가만히 있었을까? 1993년에 3만 명에 이르는 원주민들이 셰브론에 소송을 제기했어. 재판으로 시시비비를 가려서 피해에 따른 법적인 책임을 지우려는 거지. 우여곡절 끝에 에콰도르 대법원은 지난 2013년 셰브론에 대해 95억 달러(우리 돈으로 약10조 원)를 원주민들에게 지불하라는 판결을 내렸어. 파괴된 자연을 치유하고 원주민들 건강을 회복하는 데 쓸 돈이지. 하지만 셰브론은 끝까지 무책임하고 무자비했어. 자기들 책임을 인정하지 않으면서 어떻게든 돈을 내놓지 않으려고 갖은 애를 다 썼거든.

  에콰도르는 전체 수출액의 절반과 정부 예산의 3분의 1이 석유에서 나와. 국가가 가난하기 때문에 에콰도르 정부는 석유 개발을 멈추기 어려워. 거대 석유 기업들 또한 천문학적인 돈을 거머쥘 수 있는 이곳의 석유를 차지하려고 눈에 불을 켤 수밖에 없어. 하지만 그 결과는 끔찍했어. 자연도 죽고 사람도 죽잖아. 여기서만 이런 일이 벌어지는 게 아니야. 석유가 많이 나는 지구촌 곳곳에서 비슷한 비극이 되풀이되고 있어.

얼핏 생각하면 어떤 지역에서 석유라는 소중한 자원이 많이 나오면 그 지역 사람들이 잘살게 되어야 마땅할 것 같지? 현실은 정반대야. 이것을 '석유의 역설'이나 '자원의 저주'라고 부르기도 해. 세계화가 드리운 또 하나의 그늘이지.

하나의 지구?

먹거리와 석유 등을 사례로 든 다국적 기업 이야기가 좀 길어졌지? 이 얘기를 상세히 한 이유는 두 가지야. 하나는 다국적 기업이 상징하는 거대 자본이 세계화 흐름 아래서 여러 문제를 일으키는 주범이기 때문이야. 다른 하나는 이 이야기가 세계화의 본질과 실체가 어떠한지를 생생하게 잘 보여 주기 때문이야.

매우 중요한 얘기여서 한 번 더 강조할게. 세계화를 앞장서 이끄는 가장 핵심적인 주체는 다국적 기업을 비롯한 자본이야. 그리고 자본, 곧 기업의 가장 중요한 목적은 이윤 극대화, 다시 말하면 최대한 더 많은 이익을 내는 거야. 세계화의 발톱이 날로 사나워지는 근본 이유가 여기에 있어. 물질과 경제 가치를 우선시하다 보니 인간, 자연, 생명, 공동체, 민주주의, 정의 등과 같은 가치는 소홀히 다루어질 수밖에 없다는 얘기지.

문화의 획일화와 상품화 문제도 뿌리는 여기에 있어. 문화는 인간의 소중한 정신적 능력인 상상력과 창의력의 산물이야. 정신이나 문화는 본디 가격을 매길 수 없고 다양하기 마련이지. 반면에 상품은 지구 어디서나 똑같이 가격을 매겨서 시장에서 사고파는 물건이야. 누구든 언제든 어디서든 돈만 주면 살 수 있는 게 상품이지만, 돈으로 계산하거나 표현하기 힘든 오묘한 가치를 품고 있는 게 문화잖아.

그런데 돈의 힘과 물질 가치가 주인 노릇하는 세계화의 파도가 워낙 거세다 보니 문화마저도 상품으로 변질되는 거야. 그 결과 세계화는 문화를 넘어 세상과 사람들의 삶 전반을 비슷비슷하게 바꿔 놓고 있어. 비슷한 생각, 비슷한 느낌, 비슷한 외모, 비슷한 취향 등이 곳곳을 휩쓸고 있는 거야. 문화의 획일화, 삶의 표준화 같은 말로 표현할 수 있겠지. 영화, 방송, 애니메이션, 음반을 비롯한 세계 시청각 서비스 시장의 80퍼센트 이상을 미국이라는 단 한 나라가 장악하고 있는 게 단적인 보기야.

이 지구상에는 6,900개가 넘는 언어가 있어. 그럼에도 영어라는 하나의 언어가 세계를 지배하는 게 지금의 지구촌 현실이잖아. 그 바람에 세계 곳곳의 언어들이 급속히 사라지고 있어. 100년 뒤에는 지금 존재하는 지구촌 언어들 가운데 절반 정도만 살아남을 거라는 전망이 나올 정도지.

이게 건강한 모습일까? 얼핏 겉으로는 누구나 자유로운 선택을 하면서 자기 삶을 사는 것처럼 보일지 몰라. 하지만 이런 현실에서 정말 주체적이고 자율적으로 자기 삶의 주인으로 살아가는 게 쉬운 일일까? 세상 전체가 특정한 모습으로 비슷해지는 걸 발전이나 진보라고 여겨도 될까?

세계화가 추구하는 '하나의 지구', '하나의 인류', '하나의 가족' 등은 그 자체로는 무척 아름다운 가치야. 하지만 이것이 강자의 논리와 이익을 은폐하거나 정당화하는 수단으로 사용될 위험은 경계해야 돼. 이제 이런 질문을 던져 볼 필요가 있어. 강자의 문화가 수많은 나라의 문화를 획일적으로 지배하는 게 우리가 꿈꾸는 '하나의 지구'이자 '하나의 인류'일까?

지금의 세계화는 강자 중심의 불공평한 구조와 질서에 이 세상과 모든 사람을 끌어들여 길들이려고 하는 경향이 강해. 사람들을 똑같은 가치와 세계관, 똑같은 문화와 생활 방식으로 한데 묶으려고 하지. 이것을 하나의 지구니 하나의 인류니 하는 것과 헷갈려선 안 돼.

세계화가 세계 시민에게

그렇다면 세계화를 거부해야 할까? 그건 아니야. 아니, 그럴 수가 없어. 세계화는 피할 수 없는 현실이야. 세계화가 많은 문제를 일으킨다 하더라도, 좋든 싫든 세계화는 이미 우리 삶에 깊이 뿌리내렸어.

우리에게 필요한 것은 '새로운' 세계화야. 돈 중심의 세계화가 아니라 사람 중심의 세계화. 탐욕, 효율, 경쟁, 속도, 폭력의 세계화가 아니라 우정, 연대, 협동, 정의, 평화의 세계화. 표준화된 획일성으로 치닫는 세계화가 아니라 다양성과 차이가 생동하는 세계화. 극소수 강자와 승자를 위한 세계화가 아니라 대다수 보통 사람이 중심이 되는 세계화. 위로부터의 세계화가 아니라 아래로부터의 세계화. 독점과 집중을 불러일으키는 세계화가 아니라 모든 사람을 고르게 행복하게 해 주는 세계화.

이런 게 새롭게 추구해야 할 세계화야. 이런 세계화는 인류 모두를 아우르는 폭넓은 정의와 선을 지향해. '좋은' 세계화 또는 대안적 세계화라 부를 수도 있겠지. 우리가 해야 할 일은 기존 세계화가 낳은 문제를 해결하면서 이런 새로운 세계화의 길을 열어 나가는 거야.

지금까지 세계화를 둘러싼 여러 이야기를 상세하게 한 이유는 다른 게 아니야. 세계화야말로 이 책의 주제인 세계 시민과 매우 밀접한 관계를 맺고 있어서야. 우선 세계화와 세계 시민은 흥미롭고도 역설적인 관계로 엮여 있다는 걸 알아 두는 게 중요해. 세계 시민을 낳은 것이 세계화지만 세계화가 일으키는 숱한 문제들을 해결할 주체 또한 세계 시민이거든.

얼핏 생각하면 세계화의 나쁜 측면이 도드라질수록 세계 시민의 중

요성이나 필요성은 줄어들 거라고 여길 수도 있어. 세계화가 많은 문제를 일으킨다는 건 세계화를 강력하게 반대해야 한다는 뜻일까? 그렇다면 세계화를 배경이자 원동력으로 삼아 등장한 세계 시민의 무게도 자연스레 줄어들 거라고 지레짐작하기 쉽기 때문이지.

하지만 사실은 그 반대야. 세계화가 일으키는 문제가 많다는 건 세계 전체 차원에서 해결해야 할 일이 그만큼 많다는 뜻이야. 즉, 세계 사람들이 서로 이해하고 협력해야 할 필요가 더 커진다는 얘기지. 이 때문에 세계화의 그늘이 짙어질수록 세계 시민의 중요성이나 필요성은 오히려 더 커지는 거야. 방금 말한 새로운 세계화, 곧 '좋은' 세계화를 이루어 가는 것 또한 세계 시민이 해야 할 아주 중대한 일이고.

다음 장부터는 세계 시민이란 정확하게 어떤 사람을 말하는지, 세계 시민이 갖춰야 할 특성이나 자질은 무엇인지 등을 알아보자.

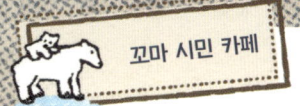

'착한' 세계화의 길, 공정 무역

앞에서 살펴본 티셔츠, 초콜릿, 햄버거 이야기가 보여 주듯이 우리가 일상에서 소비하는 물건에는 슬픈 사연이 담겨 있는 경우가 많아. 이와는 달리 어떤 물건을 만든 생산자에게 노동의 수고에 걸맞은 공정한 대가와 좋은 노동 조건을 제공하고, 물건을 만드는 과정에서 환경이나 인권을 파괴하지 않는 제품을 국제적으로 거래하자는 움직임이 최근 들어 활발하게 펼쳐지고 있어. 이게 공정 무역이야. 무역을 하되 '공정하고 정의롭게' 하자는 거지. 그래서 공정 무역은 노동자든 농민이든 생산자가 경제적으로 좀 더 안정된 생활을 누리고 가난에서 벗어나 자립하는 데 도움을 줄 수 있어. 공정 무역 제품의 판매로 생기는 수입의 일부는 학교와 병원 건설, 농기구 구입 등과 같이 그 제품을 생산한 현지에서 꼭 필요한 일에 쓰이기도 해. 환경 오염을 막는 건 물론 아동 노동을 금지하고 여성 인권을 지키는 데 애쓰기 때문에 사람과 자연 모두에게 이로운 방식이라고 할 수 있어.

애초 공정 무역은 잘사는 나라 사람들이 누리는 풍요한 생활의 바탕에는
가난한 나라 사람들의 고통과 희생이 깔려 있다는 사실을 반성하는 데서 시작됐어.
공정 무역 제품을 사는 걸 '착한 소비'나 '윤리적 소비'라 부르기도 해.
멀리 떨어진 서로 다른 나라에서 살아가는 생산자와 소비자 모두
행복해질 수 있기 때문이야. '좋은' 세계화, '착한' 세계화를 이룰 수 있는
길 가운데 하나인 셈이지.
초기 공정 무역 제품은 커피나 수공예품 같은 일부 품목으로 국한돼 있었어.
하지만 갈수록 참여하는 사람이 늘면서 지금은 설탕, 초콜릿, 옷, 액세서리,
운동화, 축구공, 잼, 꿀, 주스 등 아주 다양한 제품으로 확대됐어.
이런 제품은 인터넷이나 공정 무역을 취급하는 상점에서 살 수 있어.
우리나라에서도 2000년대 들어 관심이 부쩍 높아진 덕분에
마음만 먹으면 누구든 손쉽게 공정 무역 제품을 살 수 있어.

03

세계 시민이란?

오늘날은 세계 곳곳에서 벌어지고 있는 수많은 사람의 일이

나에게 영향을 미치는 동시에,

나도 그들에게 영향을 미치고 있어.

한 개인의 삶이 지구촌 공동체와 서로 영향을 주고받는 시대가 열린 거야.

때문에 개인의 문제와 세계 문제를

하나의 틀로 엮어서 볼 줄 아는 눈이 필요해.

특정 지역이나 나라에서 벌어지는 일들에 관심을 기울이고,

인류 보편적인 가치를 적용하여 생각하고 해결하려고

노력하는 자세를 이야기하는 거야.

긍정적인 세계화를 위한 세계 시민의 자세는 무엇인지 하나씩 살펴보자.

타인의 고통을 나의 아픔으로

세계 시민에 관한 이야기를 본격적으로 펼치기에 앞서 먼저 세 사람을 소개하고 싶어. 생생한 실제 이야기를 들어 보면 세계 시민을 보다 쉽게 이해할 수 있을 거야. 소개할 세 사람은 세계 시민이 어떤 사람인지를 상징적으로 보여 주는 본보기라 할 수 있는데, 각각 유럽, 중남미, 아프리카 대륙을 대표하고 있어.

첫 번째는 장 앙리 뒤낭(1828년~1910년)이야. 앙리 뒤낭은 적십자 운동의 창시자로 노벨 평화상을 최초로 받은 사람이야. 본래 사업가였던 그는 1859년 어느 날 업무 관계로 나폴레옹 3세를 만나러 이탈리

아 북부의 솔페리노 지역을 지나다가 비참한 장면을 목격했어.

당시 그곳은 이탈리아 통일 문제를 놓고 프랑스 쪽 연합군과 오스트리아군 사이에 한창 전쟁이 벌어지고 있었어. 수많은 부상자와 병에 걸린 병사들이 아무런 치료도 받지 못한 채 참혹하게 죽어 가고 있었지. 그냥 지나칠 수 없었던 그는 자기 일은 제쳐 두고 정성껏 부상병을 간호했어.

이것이 인생의 전환점이었어. 본래 그는 돈을 많이 버는 게 목적인 사업가였는데, 이 일을 계기로 공적으로 가치 있는 일에 헌신하는 사회 활동가로 살기로 결심했거든. 그는 1862년 솔페리노에서의 경험을 살려 전쟁의 참상과 구호 활동의 중요성을 강조한 《솔페리노의 회

상》이라는 책을 펴냈어. 나아가 전쟁 통에 발생한 희생자나 부상자를 돕기 위한 국제 민간 기구 창설을 역설했어. 이를 위해 자기가 가지고 있던 돈을 아낌없이 내놓은 건 물론이고 유럽 곳곳을 돌아다니며 각 나라의 지도자들을 설득하는 데 시간과 정열을 바쳤어.

그의 간절한 호소는 결국 사람들 마음을 움직였어. 유럽 전역에서 호응과 지지가 쏟아진 거야. 그 열매가 1863년에 창립된 국제 적십자 위원회야. 이것이 기폭제가 되어 여러 나라에 적십자사가 속속 만들어지기 시작했어. 이듬해인 1864년엔 유럽 열여섯 개 나라가 스위스 제네바에 모여 적십자 조약이라고도 불리는 제네바 조약을 체결했어. 이 조약은, 전쟁터에서는 우리 편이든 적군이든 상관없이 부상자를 치료해 줘야 하고, 이런 활동을 누구라도 방해하거나 공격해선 안 된다는 등의 중요한 원칙을 담고 있어. 인류의 인도주의 발전사에서 값진 이정표를 세웠다고 할 수 있지.

타인의 고통을 자신의 아픔으로 느꼈던 앙리 뒤낭. 그의 인류애와 인간 존엄성에 대한 신념은 자신의 인생을 바꾸었을

뿐만 아니라 전 세계에도 환한 빛을 비추어 주었어. 세계 사람들은 그의 생일인 5월 8일을 '적십자의 날'로 정하여 기념하고 있어.

세계 전체를 품에 안은 혁명가

다음은 체 게바라(1928년~1967년) 이야기야. 이 사람은 1959년 쿠바 혁명을 이끈 주역 가운데 한 명이야. 저명한 프랑스 철학자 장 폴 사르트르가 '20세기의 가장 완전한 인간'이라고 극찬한 사람이기도 해.

체 게바라는 아르헨티나의 부유한 집안에서 태어나 스물다섯 살에 의사가 됐어. 안정된 삶과 안락한 미래가 그를 기다리고 있었지. 하지만 그는 아르헨티나를 떠나 중남미 대륙 곳곳을 돌아다니면서 민중의 비참한 삶을 직접 목격했어. 그러면서 민중이 억압과 고통에서 해방되는 길은 혁명 외에는 없다는 신념을 다지게 됐어.

1955년 멕시코에서 쿠바 혁명의 최고 지도자 피델 카스트로와의 운명적인 만남이 있고 나서 그는 쿠바 혁명에 몸을 던졌어. 남다른 능력과 인품으로 뛰어난 지도력을 발휘한 그는 1959년 쿠바 혁명을 승리로 이끄는 데 결정적인 역할을 했어. 혁명이 성공한 뒤에는 쿠바 정부의 높은 직책을 맡기도 했지.

하지만 체 게바라는 권력의 자리에 안주하지 않았어. 6년 뒤 쿠바를 떠나 머나먼 아프리카 콩고로 가서 그쪽 혁명군을 지원했어. 그다음엔 다시 남미 볼리비아로 돌아와 독재 정권에 맞서 싸우는 혁명군 활동에 참여했어. 그러다 미국의 지원을 받는 볼리비아 정부군에게 붙잡혀 1967년 10월 9일 총살되고 말았지. 그의 나이 서른아홉 살이었어.

그는 죽은 뒤에 오히려 더 유명해졌어. '영원한 혁명가'라 불리며 세계 사람들에게 미치는 영향력도 더 커졌고. 전 세계적으로 '체 게바라 열풍'이 불기도 했어. 그를 따르는 사람이 무수히 생겨났고, 그의 얼굴 모습을 새긴 티셔츠 같은 상품들이 큰 인기를 끌기도 했지. 이렇게 된 이유가 뭘까?

그는 부와 사회적 지위가 보장된 의사 자리를 버리고 목숨마저 위태로운 험난한 혁명의 길을 선택했어. 그것도 자신의 조국 아르헨티나가 아닌 다른 나라들 혁명이었어. 뿐만 아니라 쿠바에서 장관, 국립 은행 총재 등과 같은 높은 자리에 올랐음에도 그것도 박차고 나와 또 다른 곳의 혁명 운동에 뛰어들었어. 자기만의 편안한 길이 아니라 공적으로 의미 있는 길을 선택했다는 얘기지.

그는 다른 사람들의 절망과 비뚤어진 사회 현실에 눈감지 않았어. 억압받고 착취당하는 민중의 고통과 열망에 그는 깊이 공감했고, 민중과 연대하여 그것을 실천에 옮겼어. 국적에 얽매이지도 않았어. 다른 나라에서 벌어지는 일을 자기 일로 여겼고, 다른 나라 사람들의 아픔을 자신의 것으로 받아들였어. 자신의 나라나 국민을 넘어 세계 전체를 품에 안은 사람이라고 할 수 있지.

절망의 땅에 한 줄기 빛을

마지막은 왕가리 마타이(1940년~2011년)야. 아프리카 케냐 출신의 여성 환경 운동가인 마타이는 1977년부터 '그린벨트 운동'이라는 환경 단체를 만들어 아프리카 전역에서 나무 심기 운동을 벌였어.

그가 이 운동을 시작한 것은 크게 두 가지 이유에서야. 하나는 무분별한 벌목 등으로 심각하게 망가진 아프리카의 숲을 되살리자는 것이었고, 다른 하나는 가난에 시달리는 여성들에게 일자리를 제공하자는 것이었어.

이 운동으로 아프리카 곳곳에 4,500만 그루에 이르는 나무를 심는 등 눈부신 성과를 거뒀어. 이 과정에서 그는 세계적인 환경 운동가로 널리 알려졌어. 이 운동은 2011년 왕가리 마타이가 사망한 뒤에도 계속되고 있어.

　왕가리 마타이는 민주화 운동과 인권 운동도 열심히 벌였어. 그 바람에 케냐 독재 정권에 의해 몇 차례나 체포되는 수난을 당하기도 했어. 하지만 이런 그를 세상은 외면하지 않았어. 그 뒤로 케냐 국회 의원과 환경 분야의 고위 정부 책임자로 일했고, 2004년엔 아프리카 여성으로서는 처음으로 노벨 평화상을 받았어.

　왕가리 마타이는 잘나가는 엘리트 여성이었어. 케냐가 속한 동아프리카 지역에서는 여성 최초로 박사 학위를 받아 대학교수가 된 사람이었지. 개인의 출세 길이 활짝 열려 있었던 거야. 그럼에도 그는 자

기 나라는 물론 아프리카가 처한 어두운 현실을 바꾸는 일에 평생을 바쳤어. 개인이나 특정 국가의 벽을 넘어 드넓은 이상의 바다로 나아간 거야.

세계 시민은 왜 등장했을까?

앞에서도 강조했듯이, 이 세 사람 이야기에서 다시금 확인할 수 있는 건 이 세계와 세계 사람들 모두가 다양한 방식과 형태로 서로 연결돼 있다는 사실이야. 자기 나라를 넘어 주변 이웃 나라와 이보다 더 넓은 대륙, 나아가 세계 전체가 처한 현실이 이들의 인생길에 공통적으로 큰 영향을 미쳤잖아. 마찬가지로 이들의 결단과 실천이 미친 영향력 또한 특정 나라에 국한되는 게 아니라 훨씬 더 넓은 범위로 퍼져 나갔어. 이런 세계에서 우리는 살아가고 있어. 한 개인의 삶이 지구촌 공동체와 직접적으로든 간접적으로든 상호 작용을 하는 시대가 열린 거야.

세계화가 진행될수록 이런 흐름은 강력해지고 있어. 물론 우리는 일차적으로 대한민국이라는 나라의 국민이야. 하지만 특정한 나라, 민족, 인종, 종교, 집단 등을 중심으로 하는 좁은 범위에만 갇혀 살아가는 게 아니야. 설령 그렇게 살고 싶어도 그렇게 살 수 있는 것도 아니고. 실제로 인류 역사에서 수많은 나라, 문화, 사람들 사이의 접촉과 교류가 요즘처럼 빠르게, 그리고 큰 규모로 이루어진 적은 없어.

'세계화'나 '지구촌'뿐만 아니라 '초록별', '우주선 지구' 등과 같은 말이 널리 쓰이게 된 것 역시 세계화의 결과겠지? 최근에는 '지구 집'이라는 말이 여기저기서 쓰일 정도야. '지구촌'이라는 말이 나타내는 마을 정도가 아니라 아예 '하나의 집'이라고 해도 지나치지 않을 만큼 세계 전체가 서로 긴밀하게 결합되고 있다는 뜻이지.

이젠 우리만의 세계도 없고 우리가 빠진 세계도 없어. 지구 이쪽에서 벌어진 일이 순식간에 저 멀리 떨어진 반대편에도 영향을 미치고, 한 부분에서 일어난 일이 삽시간에 지구 전체에 영향을 미치기도 해. 이런 상황에서 어떤 문제가 발생하면 어떻게 될까? 그것의 성격이나 영향이 세계적일 뿐만 아니라 그 문제를 해결하는 데에도 세계적 차원의 접근이 필요하겠지?

예를 들어, 세계적으로 굶주리는 사람이 적지 않은데도 한쪽에서는

지나친 풍요와 낭비로 흥청망청하는가 하면, 사람을 죽이는 무기를 생산하는 데 엄청난 돈을 쏟아붓고 있어. 가난한 나라에서 온 이민자는 물론 정처 없이 세계 곳곳을 떠도는 난민들을 박대하거나 내쫓는 나라도 있고 말이야. 2018년 기준으로 세계 전체 난민 수는 무려 7천만 명 가까이 된다고 하니 가볍게 볼 문제가 아니야. 이런 문제들은 수많은 나라와 지구촌 구성원이 다 함께 힘과 지혜를 모아야 해결할 수 있어.

　오늘날 지구촌 전체를 괴롭히는 큰 문제들인 가난과 굶주림, 불평등과 양극화, 전쟁과 폭력, 독재와 인권 침해, 환경 파괴와 자연재해, 사회적·문화적 차별 등도 마찬가지야. 물론 개별 국가나 특정 지역 수준에서 어느 정도 해결할 수 있는 문제도 있겠지. 하지만 지구촌 전체가 하나로 연결되고 통합되는 흐름이 워낙 강력한 탓에 세계와 인류 모두가 공동으로 풀어야 할 문제가 갈수록 늘고 있어.

이 때문에 절실히 필요해진 것이 우리 문제와 세계 문제를 하나의 틀로 엮어서 보는 눈이야. 특정 지역이나 나라는 물론 개인에게 벌어지는 일마저도 세계나 인류의 보편적 일과 연결하여 생각할 줄 알아야 한다는 얘기지. 세계 시민이 최근 들어 특별한 주목과 관심을 끌게 된 것은 이런 맥락에서야.

이런 사람이 세계 시민

이제 세계 시민이란 어떤 사람인지 감이 잡히지? 세계 시민이란 한마디로 모든 것이 연결돼 있다는 사실을 깨닫고 모두가 더불어 행복하게 사는 세상을 만들려고 애쓰는 사람, 다시 말하면 세계적 시각으로 지구촌 문제들을 인식하고 그 문제들을 함께 해결하려고 노력하는 사람이야.

자기가 속한 국가를 넘어 스스로가 지구촌 전체의 공동 구성원이라는 점을 깨닫고 평화, 민주주의, 인권, 사회 정의, 평등, 삶의 질, 자연 보전 등과 같은 보편적 가치를 소중히 여기는 사람이 세계 시민이라는 거지. 그리고 자기 개인만의 이익을 앞세우기보다는 지구촌 곳곳에서 벌어지는 일들에 관심을 기울이면서 열린 마음으로 다른 사람을 끌어안는 사람이기도 해. 나와 다른 존재들과 공감하고 소통할 줄 아는 사람이라 할 수도 있고.

특히 '보편적 가치'라는 표현에 주목해 줘. 이것은 세계 시민 이야기에서 매우 중요한 의미를 지니고 있어. 사전은 '보편적'이라는 말을 '두루 널리 미치거나 통하는, 모든 것에 공통되거나 들어맞는'이라고 풀이하고 있어. 방금 말한 자유, 정의, 인권, 평화 등은 어느 나라의 어떤 사람이라도 모두 동의하고 추구하는, 다시 말하면 세계와 인류 전체에 두루 통하고 들어맞는 가치야. 이런 게 보편적 가치지.

좁고 특수하고 개별적인 것에 갇히는 건 보편적 가치에 어긋나는 일이야. 이를테면, 어느 나라가 이웃 나라에 묻혀 있는 석유가 탐이 나서 침략 전쟁을 일으켜서 승리했다고 가정해 보자. 침략한 쪽이라는 좁고 특수하고 개별적인 입장에서만 보면 이 전쟁으로 큰 이득을 얻었다고 할 수 있겠지. 하지만 생명의 소중함, 인간 존엄성, 평화 등과 같은 보편적 가치의 관점에서 보면 그게 아니지? 이런 보편적 가치와 관점을 중시하는 것이 세계 시민이 갖추어야 할 자세야.

어슷비슷하게 들릴지 모르겠지만, 그래서 세계 시민은 이런 식으로 다양하게 표현할 수도 있어. 약간 어렵게 들린다면 앙리 뒤낭, 체 게바라, 왕가리 마타이의 삶을 떠올려 봐. 쉽게 이해할 수 있을 거야.

지구 전체의 관점에서 자기 삶을 돌아보고 설계할 줄 아는 사람. 내가 속한 지역, 집단, 나라, 인종, 종교 등의 울타리를 넘어 인류 모두와 하나로 연결돼 있다고 느끼는 사람. 자기가 세계 전체에 속해 있고 그에 따른 책임감을 느끼는 사람. 인류의 평화와 지구의 건강을 지키는 것이 곧 나 자신을 위한 일이기도 하다는 사실을 아는 사람. 안락하고 익숙한, 하지만 좁고 닫힌 둥지를 벗어나 더 넓은 세상으로 나아갈 때 자신의 성장과 성숙이 이루어진다는 사실을 깨친 사람.

여기서 더 나아가 이런 생각과 깨달음을 행동으로 옮긴다면 더욱 훌륭한 세계 시민이 된다는 건 두말할 필요도 없겠지?

문을 열고 다리를 놓자

지금까지의 이야기를 바탕으로 이제 세계 시민이 갖추어야 할 자질과 특성을 좀 더 상세히 알아볼까? 크게 세 가지 측면으로 간추릴 수 있어. 첫째는 '머리', 둘째는 '가슴', 셋째는 '손발'이야.

먼저 '머리'는 사고방식에서 '지구적 관점' 또는 '지구적 세계관'을 갖추는 걸 뜻해. 어떤 문제나 현상, 사건 등을 지구 전체라는 맥락에서 이해하는 능력이 핵심이지. 다시 말하면 이 세계와, 세계에서 벌어지는 일들을 서로 연관돼 있고 통합돼 있는 것으로 인식할 줄 알아야 한다는 얘기야. 실제로 세계의 수많은 문제는 정치, 경제, 사회, 문화, 과학 기술 등과 같은 다양한 요소가 서로 복잡하게 얽혀 있어.

가령 세계 곳곳에서 벌어지는 전쟁이나 분쟁들을 겉으로만 보면 무력 충돌이나 정치 갈등, 또는 서로 다른 종족이나 종교 사이의 다툼 등으로만 이해하기 쉬워. 하지만 그 바탕에는 자원이나 에너지원 확보 등을 둘러싼 경제적 이해관계의 대립이 존재하고, 어떤 지역이나 세계 전체에 대한 영향력을 키우려는 강대국들의 욕망과 경쟁 같은 것이 깔려 있는 경우가 무척 많아.

세계에서 일어나는 어떤 문제의 특정 측면이나 요소들만 주목해서 보면 어떻게 될까? 문제의 본질을 알아차리기 어렵고 근본 원인이나 올바른 해결책을 찾기도 힘들겠지? 서로 연결되어 복잡하게 얽혀 있는 다양한 요소를 종합적으로 파악함으로써 세계를 정확하게 이해하는 것, 이것이 세계 시민의 첫 번째 자질이자 특징이야.

열린 시야, 부분들 사이의 관계와 전체 상황을 폭넓게 내다볼 줄 아는 안목이 중요한 이유가 여기에 있어. 우물 안 개구리처럼 특정 부분만 보면 '벽'을 쌓을

수밖에 없어. 하지만 전체와 관계를 볼 줄 알면 나와 너 사이에, 우리와 그들 사이에, 그 모든 다른 것들 사이에 '다리'를 놓을 수 있게 돼.

우리를 둘러싼 벽으로는 어떤 게 있을까? 국가, 민족, 권력, 출신 지역, 이념 등은 정치적 벽이라고 할 수 있어. 인종, 피부색, 외모, 건강, 장애의 있고 없음 등은 생물학적 벽이라고 할 수 있겠지. 재산, 계층, 지위, 성별 등은 사회 경제적 벽이라고 할 수 있고.

여기서 성별은 일차적으로는 생물학적 벽이지만 동시에 사회 경제적 벽으로도 강력하게 작용한다고 할 수 있어. 성별에 따른 다양한 차별과 불평등이 존재하기 때문이야. 언어, 종교, 지식, 취향, 삶의 방식, 풍속 등은 문화적 벽이라고 할 수 있겠지?

이들 벽은 저마다 따로 존재하기도 하지만 서로 겹치거나 포개지기도 해. 그러면서 때때로 폭력과 대결의 벽, 특권과 반칙의 벽, 차별과 배제의 벽, 증오와 혐오의 벽, 무지와 불신의 벽, 고정 관념과 편견의 벽 같은 또 다른 벽들을 세우기 마련이야. 이런 벽들에 갇히면 시야가 좁아지는 데다 이기적이고 경쟁적인 세계관에 물들게 돼. '우리'는 옳지만 '당신들'은 틀렸고, '우리'는 선이지만 '당신들'은 악이라는 식의 이분법 논리로 치닫기도 쉬워. 이런 벽을 깨고 그 자리에 다리를 놓는 게 세계 시민이야.

벽이 사라지고 경계가 없어지면 어떻게 될까? 나와 아무런 관계가 없거나, 심지어는 대립하는 관계라고 생각해 오던 사람들을 이해할 수 있는 문이 열리게 돼. 그리고 이 문으로 난 길이 다리로 이어지게 되지. 이렇게 보면 세계 시민은 기존에 자기가 가지고 있던 관점에 의심을 품고 질문을 던지는 사람이라고도 할 수 있어.

공감과 소통, 그리고 친절

두 번째는 '가슴'이야. 이것은 세계와 세계 문제들을 대하는 감수성이나 마음가짐을 뜻해. 인간에 대한 사랑, 차이와 다양성을 존중하는 마음, 다른 사람에 대한 배려와 포용, 연대 의식, 공감과 소통, '전체'와 '모두'를 위한 책임감 등을 꼽을 수 있지. 이런 것들의 바탕은 내가 지구 공동체에 속해 있으며 인류 모두와 연결돼 있다는 사실에 대한 깨달음이야.

특히 중요한 것은 공감 능력이야. 다른 사람이 겪는 고통에 내 마음이 움직인다면, 다른 사람의 입장에 서서 뭔가를 생각하고 느낄 줄 안다면, 바로 여기서 세계 시민의 발걸음은 시작된다고 할 수 있어. 이

런 공감 능력은 세계 사람들이 겪는 수많은 문제를 이해하는 것은 물론 인류가 서로 이해하고 소통하면서 더불어 평화롭게 살아갈 수 있도록 해 주는 원동력이야.

여기서 미국의 유명한 역사학자이자 사회 운동가 한 사람을 소개하

고 싶어. 이름은 하워드 진이야. 대표작인 《미국 민중사》를 비롯해 40여 권의 책을 썼고 '미국의 양심'이라고도 불리는 진보적인 지식인이지. 이 사람은 2010년에 세상을 떠났는데, 그 직전인 2009년에 젊은이들이 그를 찾아가 인터뷰를 한 적이 있어. 이 자리에서 젊은이들은 이렇게 물었어.

"당신 인생에서 가장 중요한 가치는 무엇입니까?"

젊은이들은 그의 입에서 자유, 정의, 평등, 민주주의 등과 같은 답변이 나오리라고 예상했어. 이런 가치들을 실현하려고 평생을 바친 것이 그의 삶이었기 때문이지. 하지만 이런 예상은 보기 좋게 빗나갔어. 그의 답변은 다름 아닌 '친절'이었어. 그는 이런 말을 덧붙였어.

"다른 사람들에게 친절하고 관대한 것, 따뜻한 마음과 타인에 대한 감수성을 갖추는 것, 다른 사람들의 눈으로 세계를 보는 것이 중요합니다. 이 세상에 정의가 이루어지지 않는 이유는 사람들이 타인에게 무관심하기 때문입니다."

이런 마음가짐과 삶의 태도를 갖춘 사람이 세계 시민이야. 그래서 세계 시민에게는 어떤 일이나 문제를 다른 사람의 시각으로 바라볼 줄 아는 자세, 다시 말하면 처지를 바꿔서 생각할 줄 아는 '역지사지(易地思之)'의 마음가짐을 중시해. '다른 목소리'에 귀를 기울일 줄 알고 '다른 풍경'을 눈여겨볼 줄 안다는 얘기지. 그러니 세계 시민이라면 자기 나라나 문화에 대한 비판도 겸허하게 받아들일 줄 알아야 되겠지?

듣는다는 것은 다른 사람의 처지에 서서 그와 공감하는 일이야. 이렇게 함으로써 서로가 통하고, 서로 간에 이해와 신뢰가 깊어지게 돼. 참된 '관계 맺기' 또한 이런 토대 위에서 이루어질 수 있어. 다른 사람의 의견을 주의 깊게 경청한다는 것은 인내와 용기를 필요로 하는 일이기도 해. 이런 점에서 세계 시민은 참을성 있고 용감한 사람이라고도 할 수 있어.

남아프리카 공화국은 끔찍한 인종 차별로 악명이 높았던 나라야. 이 나라에서 인종 차별을 끝낸 인권 운동 지도자이자 첫 흑인 대통령을 지낸 넬슨 만델라가 이런 고백을 한 적이 있어.

"지도자로서 나는 내 의견을 과감히 내놓기 전에 함께 토론하는 모든 사람이 저마다 하려는 얘기를 진지하게 들으려고 늘 애썼습니다. 종종 내 의견은 그저 토론에서 들은 일치된 의견을 표현하는 것일 때도 많았습니다."

넬슨 만델라가 자기 나라와 아프리카를 넘어 세계적으로 존경받는 지도자가 될 수 있었던 건 이런 세계 시민의 특성과 자질을 갖추고 있었기 때문이야.

참여와 실천이 세상을 바꾼다

세 번째는 '손발'이야. 이것은 행동과 실천을 의미해. 훌륭한 세계 시민은 어떤 문제를 해결하려고 능동적으로 행동하고 실천하는 사람이야. 이것이 세계 시민의 또 하나의 중요한 특징인 '참여'야. 사실 우리는 마음만 먹으면 다양한 실천 방법을 어렵잖게 찾을 수 있어. 누구든 세계 곳곳에 멀리 떨어져 사는 사람들과도 연대하고 협력할 수 있어. 인터넷이나 사회 관계망 서비스(SNS) 등에 힘입어 전 세계가 네트워크로 연결돼 있는 덕분이지.

여기서 기억해 둘 것은, 누군가에게 도움을 주는 것도 좋은 일이지만 누군가에게 도움을 요청하는 것도 좋은 일이라는 사실이야. 나의

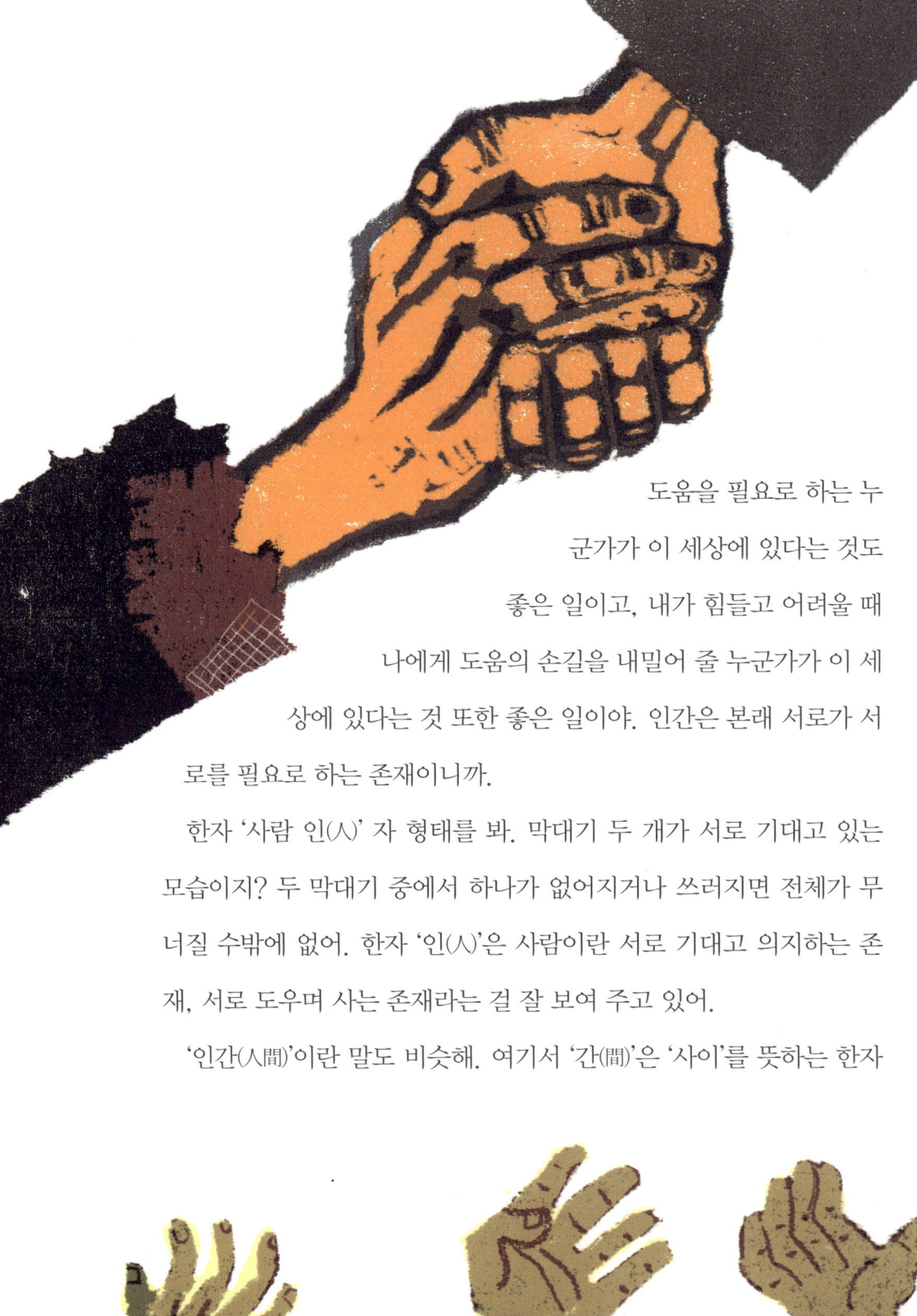

도움을 필요로 하는 누군가가 이 세상에 있다는 것도 좋은 일이고, 내가 힘들고 어려울 때 나에게 도움의 손길을 내밀어 줄 누군가가 이 세상에 있다는 것 또한 좋은 일이야. 인간은 본래 서로가 서로를 필요로 하는 존재이니까.

한자 '사람 인(人)' 자 형태를 봐. 막대기 두 개가 서로 기대고 있는 모습이지? 두 막대기 중에서 하나가 없어지거나 쓰러지면 전체가 무너질 수밖에 없어. 한자 '인(人)'은 사람이란 서로 기대고 의지하는 존재, 서로 도우며 사는 존재라는 걸 잘 보여 주고 있어.

'인간(人間)'이란 말도 비슷해. 여기서 '간(間)'은 '사이'를 뜻하는 한자야. 그러니까 글자 그대로 해석하면 '사람 사이'가 곧 인간이라는 거지. '사람 사이'가 뭘까? 바로 '관계'야. 서로 정답고 친하게 잘 지내는 관계를 '사이좋다'라고 하잖아? 한자로 '인간(人間)'이라는 말은 관계 속에서 더불어 살고 서로 도우며 사는 것이 사람살이의 참모습이라는 이야기를 하고 있어.

우리가 진정으로 강해질 때는 언제일까? 경계와 벽을 넘어 서로 힘과 뜻과 지혜를 모으면서 함께 일할 때가 아닐까? 세상은 이럴 때 더욱 따뜻하고 밝게 빛나. 이것이 세계 시민의 실천 방식이야.

여기까지 들으니 어때? 혹시 세계 시민이 된다는 게 너무 거창하고 어려운 일로 여겨지는 건 아니야? 그렇지 않아. 우리 모두는 누구나 세계 시민이 될 수 있고, 실천 또한 일상생활의 작은 일에서 얼마든지 시작할 수 있어. 이에 관한 이야기는 마지막 장에서 다시 만나게 될 거야.

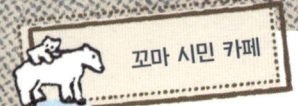
꼬마 시민 카페

세계 시민 정신을 실천하는 단체들

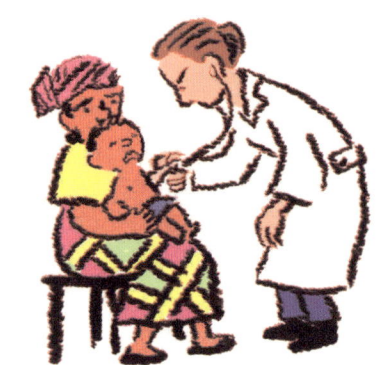

세계 시민 정신을 실천하는 단체들은 어떤 게 있을까?

수많은 단체가 있지만 여기에선 세 군데만 소개할게.

'국경 없는 의사회'는 인간 존엄성과 인류의 안녕을 세계 차원에서 이루고자 하는 국제 의료 구호 단체야. 사람의 생명과 건강을 지키는 게 가장 중요한 목적이지. 의료 시설 부족, 전염병, 전쟁, 자연재해 등으로 생명이 위태로운 사람들을 구하기 위해 세계 곳곳을 누비며 긴급 의료 지원 활동을 펼치고 있어. 1971년 프랑스 파리에서 시작됐고, 지금은 전 세계적으로 4만 명에 가까운 사람들이 참여하고 있어. 1999년에는 노벨 평화상을 받았어.

'국제 앰네스티(Amnesty International)'는 양심수를 석방하고 인권 침해를 중단시키는 일을 펼치는 세계에서 가장 큰 인권 단체야. 우리말로는 '국제 사면 위원회'라고 해. '양심수'란 사상이나 신념에 따라 양심과 정의를 지키려고 애쓰다 감옥에 갇힌 사람을 가리키는 말이야. 독재 권력에 맞서 싸우다 이런 수난을 당하는 경우가 많아.

이 단체는 사형 제도와 고문 폐지, 난민과 여성 인권 보호 등의 활동도 펼치고 있어.

이 단체의 활약 덕분에 감옥에서 풀려나 노벨상을 받은 사람만 열두 명이나 돼.

1961년 영국에서 시작됐고, 1977년에 노벨 평화상을 받았어.

'그린피스(Greenpeace)'는 가장 대표적인 국제 환경 단체 가운데 하나야.

전 세계 회원 수가 350만 명이나 돼. 본래 핵실험 반대 활동으로 시작됐지만,

그 뒤 세계 곳곳에서 다양한 환경 보호 활동을 펼치고 있어.

환경 파괴 현장에서 직접 행동을 벌이는 것으로 특히 유명해.

레인보우 워리어(Rainbow Warrior, '무지개 전사'라는 뜻)호라는 배가

그린피스의 상징이지.

우리나라에도 이 단체들의 지부 사무실이 있어. 이들과 비슷한 목적 아래

비슷한 활동을 펼치는 국내 단체와 기구들이

아주 많고, 이들 단체처럼 사람의

생명과 건강 보호, 환경 보전,

자유와 인권 향상, 민주주의

발전 등과 같이 인류의

보편적 가치를 실현하려고

노력하고 있어.

04

세계 시민이
부딪히는 문제들

세계에는 아동 노동, 여성 억압, 독재, 빈곤, 불평등,

환경 파괴, 전쟁, 테러 등 해결되지 않은 문제가 많아.

이 문제들이 다른 나라에서 벌어지고 있으니

나와는 상관없다고 생각하는 사람은 이제 없겠지?

더불어 다양성을 인정하지 않아 발생하는 문제들은 무엇인지,

나와 다른 것을 어떻게 받아들여야 하는지도 생각해 보아야겠지?

세계 시민이 부딪히는 문제들을 바로 보고,

관심을 가져야 하는 이유를 아는 사람은

진정한 세계 시민으로 성장할 수 있을 거야.

'독가스의 아버지'와 '원자 폭탄의 아버지'

전쟁이 터졌을 때 과학자는 어떻게 해야 할까? 조국의 승리를 위해 수많은 사람을 죽이는 무기 개발에 앞장서야 할까? 아니면 생명을 지킨다는 인류의 보편적 가치를 위해 무기를 만들라는 국가의 요구를 거부해야 할까?

과학의 역사를 살펴보면 이 당혹스러운 질문 앞에서 서로 엇갈리는 길을 간 두 명의 대표적인 과학자가 있어. 독일의 프리츠 하버와 미국의 로버트 오펜하이머야. 제1차 세계 대전(1914년~1918년) 때 활동한 하버는 '독가스의 아버지'로, 제2차 세계 대전(1939년~1945년) 때 활동한 오펜하이머는 '원자 폭탄의 아버지'로 불리지. 하지만 오펜하이머는 나중에 원자 폭탄보다 더 무서운 핵폭탄인 수소 폭탄 개발에 적극 반대함으로써 하버와는 다른 길을 걸었어.

먼저 하버 이야기야. 하버가 과학자로서 이름을 날리기 시작한 건 인공 질소 비료를 개발한 덕분이야. 식물에게 꼭 필요한 영양소인 질소를 손쉽게 얻으면 농업 생산량을 크게 늘릴 수 있어. 공기 중에 풍부하게 존재하는 질소를 고정시켜 질소 비료를 대량 생산할 수 있는 암모니아 합성을 개발한 사람이 하버야. 그 공로를 높이 평가받아 노벨 화학상까지 받았지. 그런데 하버는 1차 세계 대전이 시작되자 자

신의 조국인 독일의 승리에 이바지하려고 무기 개발에 뛰어들게 돼.

하버는 고성능 수류탄도 연구하고 폭약 원료를 만들기도 했는데, 그가 개발한 대표적인 무기가 독가스야. 전쟁이 한창이던 1915년에 그가 개발한 독가스가 처음으로 사용됐는데, 그 결과는 참혹했어. 5,000명이 넘는 병사가 한순간에 떼죽음을 당하고 말았지. 독가스를 처음 맞은 그들은 무슨 일이 벌어졌는지도 모르는 채 참호 속에서 고통스럽게 죽어 갔어. 하지만 그런 일을 당하고서도 가만히 있을 바보는 없겠지? 결국은 상대편도 독가스를 개발해 사용했고, 그 결과 전쟁이 끝날 때까지 무려 10만 명이 넘는 병사가 독가스로 죽고 말았어.

하버는 자기가 한 일을 당연한 것으로 여겼어. 같은 화학자였던 아

내는 하버의 독가스 개발을 강력하게 반대했어. 과학을 그렇게 타락시켜선 안 된다는 거였지. 하지만 그의 뜻을 꺾진 못했어. 갈등과 다툼 끝에 아내를 잃었지만 그는 독가스 개발과 사용을 멈추지 않았어.

하버의 최후는 비참했어. 전쟁이 끝난 뒤 전쟁 범죄자로 낙인찍혀 숨어서 지내기도 하고, 몸담고 있던 연구소에서 쫓겨나기도 했지. 그러다 스위스의 어느 초라한 호텔에서 심장마비로 쓸쓸하게 생을 마치고 말았어.

다음은 오펜하이머 이야기야. 2차 세계 대전을 끝낸 결정타 가운데 하나가 원자 폭탄이라는 공포의 핵무기야. 미국은 전쟁 막바지에 인류 역사에서 처음이자 마지막으로 원자 폭탄을 사용했어. 이 바람에 원자 폭탄을 맞은 히로시마와 나가사키라는 일본의 두 도시는 한순간에 잿더미로 변했고, 수많은 사람이 희생되었지. 원자 폭탄의 그 무시무시한 파괴력을 보고서 더 버틸 수 있는 나라는 없었어. 전쟁은 그렇게 끝났어.

이 원자 폭탄을 개발한 주인공이 오펜하이머야. 그는 '맨해튼 프로젝트'라 불리는 미국의 핵무기 개발 계획의 과학 기술 부문 최고 책임자였어. 그는 탁월한 능력을 발휘해 핵무기 개발을 성공으로 이끌었

어. 하지만 첫 폭발 실험을 마치고 나서 방공호를 걸어 나오면서 오펜하이머는 이렇게 읊조렸다고 해.

"나는 이제 세계의 파괴자, 죽음의 신이 되었다."

끔찍한 무기를 개발한 데 따른 양심의 가책이 너무 컸던 거야.

1945년에 전쟁이 끝난 뒤 전 세계 차원에서 미국이 주도하는 자본주의 진영과 소련 중심의 사회주의 진영이 살벌하게 대결하는 이른바 냉전 체제가 굳어졌어. 그런 상황에서 소련이 핵무기 개발에 성공하자 세계적으로 핵무기 개발 경쟁에 불이 붙었어. 원자 폭탄의 수백 배에 달하는 엄청난 파괴력을 지닌 수소 폭탄을 개발하려는 움직임이 일어난 게 이때였지. 하지만 핵무기의 끔찍함을 생생하게 경험한 오펜하이머는 이에 반대했어. 나아가 그는 핵무기와 원자력을 통제하는 국제기구를 만들자는 주장에 동의하기까지 했어. 핵무기 개발과 확산을 막으려고 노력한 거지.

오펜하이머는 그 대가를 톡톡히 치러야만 했어. 국회 청문회에 끌려 나가 비밀 정보를 소련에 넘겨줬다는 혐의로 곤욕을 치르는가 하면, 핵무기 관련 정책에 관여할 수 있는 권리를 빼앗기기도 했거든. 하지만 그 덕분에 오펜하이머는 오늘날 인류 평화를 위해서 국가의 잘못된 명령을 거부한 과학자로 평가받고 있어. '인류 최악의 발명품'이라 불리는 원자 폭탄을 개발한 자신의 행위에 깊은 죄책감을 느낀 그는 나중에 미국 대통령에게 보내는 편지에서 이렇게 썼어.

"새로운 세상을 만드는 과정에서 과학자들이 죄를 저질렀습니다."

국가를 어떻게 봐야 할까?

서로 대조되는 두 과학자 이야기를 꺼낸 이유는 뭘까? 그건 세계 시민 이야기에서 반드시 짚고 넘어가야 할 주제 가운데 하나가 '국가를 어떻게 볼 것인가?'이기 때문이야. 이 문제는 세계 시민을 둘러싼 아주 뜨거운 논쟁거리이기도 해. 개별 국가를 넘어서서 세계와 인류 전체를 품에 안자는 게 세계 시민의 근본이니 이는 어쩌면 당연한 일인지도 몰라.

두 과학자 가운데 프리츠 하버는 자기가 속한 국가의 이익을 우선시했어. 이에 따라 인류 전체에게는 범죄 행위라 할 수 있는 끔찍한 무기 개발에 앞장섰어. 로버트 오펜하이머는 처음엔 하버와 비슷한 길을 갔지만 나중엔 자기가 속한 국가의 정책을 반대하는 편에 섰어. 인류 평화와 인간 생명에 대한 책임감이라는 보편적 가치를 더 중요하게 여긴 거지.

주목할 것은 오펜하이머의 변신이야. 처음엔 국가의 이익을 위해 일하다가 나중엔 인류 전체의 이익을 지키는 쪽으로 갔어. 국가냐 인류냐. 똑같이 소중한 이 두 가지 앞에 놓인 갈림길에서 그는 얼마나 힘들었을까? 국가를 택하면 인류에 해를 끼치게 되고 인류를 택하면 조국을 배신하게 되는 그 결정적인 인생의 고비에서 얼마나 견디기 힘든 고뇌의 시간을 보냈을까?

그는 결국 세계 시민의 길을 선택했어. 아마 이런 생각을 했을 것 같아. 이 선택이 지금 당장은 정부 정책에 어긋나지만 먼 훗날에는 진심으로 국가를 위한 고민의 산물이라는 평가를 받으리라고 말이야.

그렇다면 국가와 세계 시민 사이에 발생하는 갈등과 모순을 어떻게 해결하면 될까? 세계 시민과 국가 사이의 바람직한 관계는 뭘까? 국가를 앞세우는 입장에서는 국가의 중요성, 국가에 대한 충성과 애국심, 국민으로서의 정체성 같은 걸 특히 강조하는데, 세계 시민은 이런 걸 어떻게 받아들여야 할까? 여기서 '정체성'이란 어떤 존재가 본래 가지고 있는 특성을 말해. 그러니까 '국민으로서의 정체성'은 어떤 한 사람의 가장 중요한 특성을 규정하는 건 국민이라는 뜻이지.

먼저 얘기할 건, 국가를 지나치게 숭배하거나 무턱대고 절대시하는 생각은 잘못이라는 점이야. 국가가 중요하고 소중하다는 건 누구나 아는 사실이야. 실제로 주권을 빼앗긴 식민지 백성이나, 전쟁이나 재난 등의 이유로 자기 나라를 떠나 떠돌아다니는 난민이 온전한 삶을 꾸려 가긴 힘들어. 국가는 각 개인은 물론 사회 공동체의 안전과 평화, 질서와 통합 등을 지키고 유지해 주는 구실을 하기도 해. 하지만 이게 지나쳐서 국가를 너무 떠받드는 건 문제가 좀 있어.

특히 우리나라는 국가를 우선시하는 편이야. 우리 역사에서 오랫동안 이어졌던 독재 정치가 남긴 그늘이라고 할 수 있지. 대개 독재 권력은 국가, 애국, 법, 질서, 사회 안정, 국민 통합 같은 말을 앞세워 국민을 억압하고 통제하려 들거든.

하지만 분명히 알아야 할 사실이 있어. 우리 모두는 국민이기 이전에 인간이야. 국가가 사람을 위해 존재하는 것이지 사람이 국가를 위해 존재하는 게 아니야. 사람이 먼저고 국가는 나중이야. 우리는 특정 국가에 속한 국민인 동시에 그 국가를 이루는 낱낱의 주체로서 시민이기도 해.

사람은 국민이라는 하나의 범주로 묶을 수 없고 국민이라는 하나의 성격으로 규정할 수도 없는 존재야. 본래 다양한 정체성을 가지고 있으니까. 국가에 속한 국민이기도 하고, 사회 공동체를 이루는 시민이기도 하고, 특정 지역에서 살아가는 주민이기도 해. 무엇보다 모든 사람은 저마다 그 자체로서 고유하고 존엄한 인격체야.

그럼에도 우리는 국가가 없으면 국민은 존재할 수 없으므로 먼저 국가에 충성을 바쳐야 한다는 식의 교육을 오랫동안 받아 왔어. 애국심을 길러야 한다거나, 국가 전체 이익을 먼저 생각해야 한다는 얘기도 지겹도록 많이 듣지.

이젠 거꾸로 말해야 하지 않을까? 국가가 존재하는 덕분에 국민이 존재하는 게 아니라 낱낱의 인간이 모여 국가를 이룬다고 말이야. 애국심도 그래. 애국심은 강요한다고 해서 생겨나지 않아. 자기 나라에 대한 긍지와 자부심이 있으면 저절로 생겨나는 게 애국심이야. 애국심을 강조하기 이전에 먼저 좋은 나라와 멋진 사회를 만드는 게 중요한 까닭이지.

　민주주의 사회에 어울리는 시민은 국가에 무조건 충성과 복종을 바치는 사람이 아니야. 자기 권리와 자유를 적극적으로 주장하고 행사하는 동시에 그에 걸맞은 책임과 의무를 다하는 사람이야. 세계 시민 또한 이런 사람이어야 한다는 건 당연한 얘기겠지?

이분법을 넘어서

　그렇다면 세계 시민은 국가를 부정적으로만 보는 사람일까? 그건 아니야. 그것은 가능하지도 않고 현명하지도 않아. 사람들의 삶과 일상생활에서 가장 중요한 단위와 기준 구실을 하는 게 국가라는 건 누구도 부인할 수 없는 현실이야. 정치, 경제, 사회, 문화 등 거의 모든 면에서 다 그래. 세계는 여전히 국가 중심으로 이루어져 있고 또 국가를 단위로 하여 움직일 때가 많아. 때문에 국가를 떠받드는 걸 비판한답시고 국가의 중요성과 필요성을 가볍게 여기는 건 온당치 않아.

　세계 시민은 국가의 울타리를 넘어 세계 전체를 품으면서도 국가의 가치와 의미, 기능과 역할 등을 지혜롭게 인정하는 사람이야. 때문에 세계 시민도 얼마든지 자기 나라를 사랑하는 애국자가 될 수 있어.

인류와 지구촌을 사랑한다면서 정작 자기 나라와 자기 주변의 가까운 사람들을 사랑하지 않는다는 건 말이 안 되겠지? 사실 사람은 누구나 자기가 속한 집단, 지역, 나라 등에 좀 더 특별하거나 우선적인 관심을 기울이기 마련이야. 이건 자연스러운 일이야. 어쩌면 자기 나라나 특정 지역을 위해 뭔가를 열심히 하는 것이 세계 시민의 관점에서도 더 좋은 일일 수 있지 않을까? 모든 사람을 위해 뭔가 좋은 일을 한답시고 마음만 먹거나 시늉만 하는 것보다는 주변을 먼저 살피는 것이 실제로는 세계 전체에 이바지하는 바가 더 클 수도 있어서야. 그러므로 좁은 범위의 작은 일일지라도 구체적으로 뭔가를 시작하는 게 중요해. 솔직히 말해, 인류와 지구를 들먹이며 모든 일에 다 참여하려 하다간 거꾸로 손가락 하나도 움직이기 어렵게 될지도 몰라.

이런 질문도 던져 볼 수 있어. 세계 전체의 넓은 이익을 추구하는 것과 자기 나라나 지역의 좁은 이익을 추구하는 것이 꼭 대립하기만 하는 걸까? 이 둘은 결합될 수도 있어. 예컨대 흑인이 부당한 인종 차별에 맞서 싸우는 건 일차적으로는 자신들을 위한 일이야. 하지만 시야를 넓히면 이것이 결국은 인류 전체의 자유와 정의를 높이는 데 공헌하는 일이기도 해.

다른 일들도 비슷해. 이를테면 아동 노동, 여성 억압, 독재, 빈곤, 불평등, 환경 파괴, 전쟁, 테러 등을 없애거나 줄인다고 해 보자. 이것이 세계의 특정 국가나 지역에서만 이루어지더라도 그게 무슨 문제겠어? 인류와 지구촌 전체 차원에서도 크게 기뻐할 일이니까 말이야.

자기 나라나 특정 집단만의 이기적인 욕심을 채우려는 게 아니라 인류 전체가 동의할 수 있는 보편적 가치를 이루고자 하는 일이라면, 여기에 국가인지 세계인지 골라야 하는 이분법이 끼어들 여지는 없어. 이런 경우는 부분을 위한 것이 전체를 위한 것이고, 전체를 위한 것이 부분을 위한 것이기 때문이야. 세계 시민이 해야 할 일이 이런 거야.

물론, 실제 현실에서는 국가와 세계 사이에서 갈등이나 충돌이 얼마든지 발생할 수 있어. 솔직히 말하자면, 이것은 세계 시민의 피할 수 없는 운명이 아닐까 싶어. 하지만 끊임없이 새로운 친구들을 만나고 새로운 세상을 접하면서 더 넓게 소통하고 연대해 나가다 보면 이런 문제도 자연스레 해결되지 않을까?

이제 얘기를 정리해 보자. 세계 시민은 국가 속에서, 국가를 가로질러, 국가를 넘어서는 사람이야. 세계 시민과 국가를 단순히 이분법으로 나누는 건 어리석은 일이야. 국가와 세계 사이의 균형과 조화를 이루는 게 중요해. 자신의 '뿌리'인 나라를 사랑하되 세계와 인류 전체의 보편적 가치 또한 소중히 여기는 사람이 세계 시민이란 얘기지. 이것이 세계 시민이 갖춰야 할 국가에 대한 올바른 관점이야.

나와 '다른 것'을 어떻게 봐야 할까?

세계 시민이 부딪히는 문제 중에서 국가 외에 또 한 가지 생각해 볼 중요한 논쟁거리가 있어. '문화 다양성을 어떻게 볼 것인가?' 하는 거야. 무슨 말이냐고?

간단히 설명하면 이런 거야. 지금껏 얘기했듯이 지구촌 전체와 인류의 보편적 가치를 중시하는 게 세계 시민이야. 하지만 사람이란 보통 자기 나라, 자기 민족, 자기 문화를 사랑하고 이런 것들에 자부심을 느끼기 마련이야. 자기 것, 자기와 가깝고 친밀한 것, 자기가 익숙한 것에 애착을 느끼는 건 자연스런 일이지. 생각해 볼 것은, 사람들이 지닌 이런 일반적인 속성과 세계 시민이 지향하는 가치 사이에 발생하는 긴장과 갈등을 어떻게 할 것인가 하는 점이야. 달리 말하면, 자기 것을 내세우는 입장과 보편적인 것을 추구하는 입장 사이의 차이를 어떻게 조절할 것인가 하는 문제지.

들어 보니 국가 이야기와 좀 겹치는 느낌이 들지? 하지만 이 얘기에는 새로운 내용도 적잖게 담겨 있어서 조금 상세히 살펴보는 게 좋아. 세계 시민을 보다 깊이 있게 이해하는 데 도움이 되거든.

먼저 하나의 사례를 살펴보자. 지난 2018년 우리나라 제주도에 560여 명의 예멘 난민이 들어온 적이 있어. 조국이 오랜 내전으로 만신창이가 되자 생존을 위해 자기 나라를 떠날 수밖에 없는 이들이 대부분이었지. 그때 적지 않은 우리나라 사람이 이들에게 차별 의식과 혐오 감정을 서슴없이 드러냈어. 난민으로 인정하거나 받아들여선 안 되고 다 쫓아내야 한다는 식의 살벌한 목소리가 드높았지.

안 그래도 우리나라는 난민을 인정하는 데 인색하기로 유명해. 1994년 이후 2019년 5월까지 전체 난민 신청자 가운데 난민으로 인정받은 비율은 3.9퍼센트밖에 안 돼. 예멘 난민 사건이 발생한 2018년의 난민 인정률은 고작 0.9퍼센트에 지나지 않아. 실제로 제주도에 들어온 예멘인 가운데 549명이 난민 신청을 했는데 인정을 받은 사람은 두 명뿐이었지. 이에 견주어 세계 전체의 난민 인정률은 30퍼센트야. 우리나라의 난민 인정 비율은 세계에서 낮은 축에 들어.

이에 예멘 난민 가운데 한 명은 자기가 느낀 절망과 서운함을 이렇게 털어놓았어.

"한국을 떠나고 싶어요. 아무런 미련도 없어요. 한국 사회는 인종을 차별하는 태도로 나에게 모멸감을 줬어요. 더 이상 한국에 머물고 싶지 않아요."

전 세계에 약 7천만 명이나 되는 난민들은 자기 삶의 터전을 떠나 불안과 고통과 핍박 속에서 제대로 먹지도 자지도 못한 채 곳곳을 떠돌아다니는 사람들이야. 난민이 발생하는 원인은 다양해. 전쟁, 내전, 테러, 정치적 탄압, 종교적 박해, 인종 차별, 빈곤, 기아, 자연재해 등이 대표적이지. 한마디로 난민은 누군가의 도움의 손길을 절실히 필요로 하는 절대적 약자라고 할 수 있어. 그런데 이런 사람들을 차갑고 모질

게 내치는 이유는 뭘까?

　물론 이건 우리나라에서만 벌어지는 일이 아니야. 난민이 크게 늘어나면서 이전엔 난민을 따뜻하게 받아들이던 나라들에서도 요즘엔 난민이 들어오는 걸 반대하는 움직임이 부쩍 거세지고 있거든. 여기엔 여러 가지 이유가 있어. 난민이 쏟아져 들어오면 이들을 돌보는 데 비용이 들 테니 자기 나라의 경제적 부담이 늘어나거나, 늘어난 난민 탓에 일자리가 줄어들거나, 사회적 혼란과 범죄가 증가하는 것 등에 대한 불만이나 피해 의식 같은 것들이지.

　또 한 가지 큰 요인이 있어. 자기와 '다른 것'을 받아들이거나 '다른 것'과 어울리는 걸 꺼리는 문화적 태도야. 이런 태도를 밀어붙이면 커다란 불행과 비극을 낳을 가능성이 높아.

　난민 사태도 그렇지만, 예전에 이런 일이 있었어. 인도 출신의 어느 작가가 이슬람교 창시자인 무함마드를 풍자적으로 다룬 소설을 출간한 적이 있어. 그러자 이슬람교 국가인 이란의 최고 지도자가 전 세계 이슬람교도들에게 이 작가를 처형하라는 명령을 내린 거야. 신성한 이슬람교를 모독했다는 게 이유였지. 그 바람에 이 작가는 영국 경찰의 보호 아래 숨어 지내는가 하면, 그의 책과 관련된 여러 출판사, 언론사, 번역자 등이 테러 공격을 당하기도 했어.

　이 이야기는 문학을 문학으로 대하지 않고 엉뚱하게도 문학에 종교의 잣대를 들이댄 사례야. 동시에 특정 종교의 신앙적 판단을 극단적으로 일반화시켜서 그 종교와 관계없는 사람들에게까지 무리하게 적용하려고 한 사례야. 특정 종교 안에서나 통하는 특수한 교리를 마치 모든 사람이 따라야 할 것처럼 강요한 사례라는 얘기지. 이처럼 '자기 것'에 대한 사랑이나 확신이 지나치면 다른 사람들에게 피해와 고통을 줄 수밖에 없어.

다양성과 차이에서 배우자

얘기가 나온 김에 종교 얘기를 조금만 더 해 보자. 역사를 보면 '종교 전쟁'이라는 게 여러 번 일어났어. 사랑과 평화의 복음을 전해야 할 종교가 신의 이름을 앞세워 수많은 사람을 죽이는 전쟁을 벌였다는 거지. 이것을 어떻게 해석해야 할까? 이것은 하나의 신, 하나의 진리, 하나의 신앙 같은 걸 앞세워 모든 사람이 하나의 종교를 똑같이 믿어야 하고, 그럼으로써 하나의 종교가 세상 전체를 지배해야 한다는 그릇된 신념이 폭력으로 터져 나온 결과야.

옛날 서구 강대국들이 아프리카, 중남미, 아시아 등지를 침략해 식민지로 정복할 때도 비슷한 일이 벌어졌어. 강대국들이 쳐들어올 때

앞세운 것은 대포와 총칼만이 아니었어. 그들은 어김없이 기독교 선교사도 내세웠어. 사람의 육체뿐만 아니라 마음과 영혼마저도 정복해서 식민지로 삼고자 했던 거야. 이때도 내세우는 명분은 고상했어. 진리의 전파니, 신의 뜻이니, 미개하고 열등한 사람들을 잘 가르치고 이끌어야 한다느니 따위의 억지 논리가 그런 것들이지.

이런 이야기들은 '자기 것'만이 옳다고 여기고 이것을 다른 사람한테도 강요할 때 어떤 일이 벌어지는지를 잘 보여 주고 있어. 문화 다양성이 중요한 이유가 여기에 있어. 자기와 '다른 것'들도 인정하고 존중하는 것, '다른 것'들과 서로 어울리고 더불어 사는 게 중요하다는 얘기지.

여기서도 염두에 둬야 할 것은 이 책이 되풀이해서 강조하고 있는 보편적 가치야. 이를테면, 어떤 지역에서 여성을 학대하거나 어린이에게 고된 일을 시키는 걸 오랫동안 당연한 전통으로 여겨 왔다고 가정해 보자. 이것을 이 지역의 고유한 문화적 특성이라고 해서, 다시 말하면 문화 다양성을 존중한다는 명분으로 옹호하거나 지지하면 곤란하겠지?

앞에서도 말했듯이 문화란 본질적으로 다양한 거야. 문화마다 먹는 음식의 종류나 식사 방식, 인사법, 옷, 주거 문화, 명절 등이 다 달라. 여기서 어떤 것이 옳고 그르다든가 우월하고 열등하다든가 하는 식의 얘기를 할 수 있어? 문화들 사이에는 그저 상대적인 차이가 있을 뿐, 사람이 살아가는 데 단 하나의 올바른 방식 같은 건 없어.

　자신의 역사와 문화는 높이 평가하면서 다른 사람들의 것들은 깔보거나 무시하는 사람은 세계 시민이 될 자격이 없어. 문화, 종교, 정치, 역사, 언어 등이 서로 달라도 그런 차이 속에서 보편적 가치를 찾아내고 그것을 함께 이루려고 노력해야 하지. 그래서 세계 시민은 사람들이 저마다 다르며 그 차이로부터 많은 걸 배울 수 있다는 사실을 겸허하게 받아들일 줄 알아.

　차이를 존중한다는 건 인간을 존중하는 일이기도 해. 사람은 누구나 스스로의 방식으로 살아갈 권리가 있기 때문이지. 세계 시민은 드넓게 펼쳐진 다채로운 삶의 무대를 사랑하는 사람이야. 서로 다른 방식으로 살아가는 사람들 사이의 열린 대화와 소통, 그리고 조화로운 공존은 이런 마음가짐에서 비롯해.

　영국의 어느 유대교 학자는 이런 멋진 말을 남겼어. 세계 시민이라면 깊이 새겨둘 말이지.

"신은 우리에게 다양한 마음을 선물한 동시에 함께 살아가야 할 하나의 세상을 주셨다. 서로의 공통점을 축복하고 서로의 차이점을 통해 성장하도록."

'용광로' 대신 '비빔밥'을

생물 다양성은 자연 생태계가 얼마나 건강한지를 보여 주는 핵심 잣대 가운데 하나야. 마찬가지로 문화 다양성은 한 사회가 얼마나 건강한지를 재는 잣대야. 다양한 문화와 삶의 방식이 어우러지는 사회는 그만큼 많은 사람의 가치와 존엄성을 존중하는 곳이라고 할 수 있기 때문이지.

그래서 지난 2001년 유엔 산하 기구인 유엔 교육 과학 문화 기구(유네스코, UNESCO)는 총회에서 '세계 문화 다양성 선언'을 채택하기도 했어. 이 선언은, 문화 다양성은 인류의 공동 유산으로서 개인과 집단을 모두 풍요롭게 해 주는 자원이며, 모든 세계 사람이 서로 이해하고 평화를 유지하는 데 꼭 필요한 요소라고 강조하고 있어. 다양한 사람들이 평화롭게 공존하고 여러 나라가 건강한 발전을 이룩하는 데 문화 다양성이 큰 구실을 한다는 얘기지.

문화 다양성은 약자나 소수자의 인권을 높이는 데에도 도움이 돼. 소수자란 '적은 수의 사람'을 뜻하는 말이야. 사회 구성원 중에서 사회적으로나 경제적으로나 힘이 없어서 약자의 위치에 있는 사람들을 가리키지. 이들은 인종, 종교, 문화 등과 같은 여러 가지 이유로 차별을 받거나 인권을 침해당할 때가 많아.

문화 다양성이 추구하는 바가 다양한 삶의 방식이나 모습을 두루 존중하자는 것인 만큼 문화 다양성이 살아날수록 약자나 소수자에게 큰 힘이 되리라는 건 충분히 짐작할 수 있겠지? 사실 이건 다수자에게도 좋은 일이라고 할 수 있어. 다른 문화와 다른 삶을 포용하면서 다른 사람들과 더불어 살아갈 줄 알게 되니까 말이야. 이처럼 모든 이의 삶을 더 풍요롭게 해 주고 사회를 건강하게 만들어 주는 게 문화 다양성이야.

이 문화 다양성을 대하는 태도는 크게 두 가지야. 하나는 이른바 '용광로 모델'이야. 이 관점에서 보면 문화 다양성은 사회 전체의 통합이나 질서를 해치는 요인이야. 용광로에 들어가면 무엇이든 똑같이 녹아 버리지? 이처럼 이 모델에서는 소수의 문화는 다수의 문화에 녹아들어서 하나로 통합돼야 한다고 여겨.

이것과 반대되는 게 '비빔밥 모델'이야. 이 관점에서 문화 다양성은 한 사회의 소중한 자산이야. 다양한 문화가 저마다 고유한 특성을 유지하면서도 서로 조화롭게 공존함으로써 새로운 통합을 이룬다는 거지. 이건 보다 높은 차원의 통합이기도 해. 마치 비빔밥처럼 서로 다른 식재료들이 자신의 맛을 잃지 않으면서도 한데 섞이고 어우러져 더욱 맛있고 훌륭한 음식을 만들어 내는 것처럼 말이야. 세계 시민이 지향하는 건 당연히 비빔밥 모델이야.

다시금 강조할게. 인간 존엄성의 무게는 누구나 똑같아. 어떤 사람도 다른 사람보다 더 우월하거나 열등하지 않아. 문화도 마찬가지야. 어떤 문화도 다른 문화보다 더 우월하거나 열등하지 않아. 다르다는 것은 틀린 게 아니야. 나쁜 것도 아니고 뭔가가 부족하다는 것도 아니야. 오히려 그건 상대에게 배울 게 있다는 뜻이야.

'다름'을 다양성으로 보듬어 새로운 성장과 발전의 밑거름으로 삼는 자세가 그래서 중요해. 이것이 참된 평등의 정신이야. 서로 다른 사람과 문화 사이에 우정과 연대를 싹틔우는 토양이 평등이야. 세계 시민의 발걸음이 시작되는 또 하나의 출발점이 여기지.

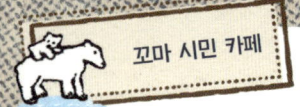

여섯 달마다 간판이 바뀌는 식당

미국 펜실베이니아주의 피츠버그라는 도시에 가면 여섯 달마다 간판을 바꿔 거는 희한한 식당이 있어. 이름도 독특해.

'대립 주방'이라는 한글 간판이 떡하니 내걸리기도 했으니 말이야.

영어로는 'Conflict Kitchen'이야. 'conflict'는 '대립, 충돌, 분쟁, 갈등'을 의미하고, 'kitchen'은 부엌이라는 뜻이야.

도대체 뭐 하는 식당일까?

여기서는 미국과 대립하면서 갈등을 빚고 있는 나라들의 고유한 전통 음식을 팔아.

그러면서 그 음식들을 만드는 법과 유래, 그 나라 사람들과의 인터뷰 등이 실린 책자를 제공하기도 하고, 음식 포장지에 이런 내용을 적어 놓기도 해.

이 식당이 선택한 나라들은 북한을 비롯해 베네수엘라, 쿠바, 이란, 아프가니스탄 등이야. 대다수 미국 사람이 이들 나라에 대해 가지고 있는 이미지는 핵, 테러, 전쟁, 독재 등과 같이 부정적인 것투성이야.

언론이 이런 얘기들만을 일방적으로 전하는 탓이지.

이런 상황에서 이 식당을 찾은 손님들은 독특한 음식을 맛보면서

새로운 이야기를 듣고 '다른' 문화를 만나게 돼.

사람들은 이런 나라들의 문화와 사람들의 삶에 관심을 가지게 되고, 그동안 길든

고정 관념에서 벗어날 기회를 얻게 되는 거야.

여섯 달에 한 번씩 나라를 바꿀 때마다 간판에는 그 나라 고유 문자를 사용하고 식당

겉모습도 그 나라의 문화적 특성을 살려 디자인해.

때때로 영화도 상영하고 전문가들이 참여하는 좌담회 등도 연다지.

북한을 주제로 내건 기간에는 냉면, 빈대떡, 두부로 만든 밥 등을 팔았어.

운영자도 요리사도 모두 미국 사람이지만 우리나라를 직접 방문해 탈북자들을 만나

북한 요리법을 배웠다고 해.

이런 노력들이 널리 퍼질수록 세계 시민은 늘어나지 않을까?

차이와 다양성을 이해하고

존중하면서 함께 아름다운

세상을 만들어가는 것,

이게 세계 시민의 꿈이야.

05

세계 시민이 되려면

세계 시민이 되는 일은 거창하고 어려운 일일까?

유명한 사람들처럼 거대한 업적을 이뤄야 할까?

그렇지 않아.

일상생활이나 주변에서 벌어지는 소소한 일들을 시작으로

세계 시민의 정신과 가치는 얼마든지 실천할 수 있어.

한 사람의 작은 움직임이 세계를 바꿀 수 있다는 걸

몸소 증명하고 있는 세계 시민들이 지금도 곳곳에 있으니까.

이제 우리도 세계 시민의 한 사람으로

하나씩 해야 할 일들을 생각해 보자.

내 안에 새겨진 세계 시민 유전자

세계 시민은 최근에 들어서나 인기를 끄는 '신상품'일까? 역사를 돌아보면 그게 아니야. 아주 오래전부터도 세계 시민의 중요성이나 소중함을 깨달은 사람들이 있었어.

일찍이 고대 그리스 철학자 소크라테스는 "나는 아테네 사람도 아니요, 그리스 사람도 아니다. 나는 세계의 시민이다."라고 말했어. 영국 출신으로 미국 독립 혁명과 프랑스 혁명 등을 거치며 정치 이론가이자 작가로 활약한 토마스 페인 또한 "세계가 나의 국가다. 모든 인류가 내 형제다. 선을 행하는 것이 나의 종교다."라는 말을 남겼어.

소크라테스가 활약한 시기는 몇천 년을 거슬러 올라가야 하는 까마득한 옛날이야. 미국 혁명과 프랑스 혁명이 일어난 것은 몇백 년 전인 18세기 후반 무렵이고. 이처럼 세계 시민의 이상은 전적으로 새로운 것이 아니라 이미 오래전부터 인류 역사와 발걸음을 함께해 왔어.

　그러니 이렇게 말할 수도 있지 않을까? 최근의 급격한 세계화 물결 속에서 세계 시민이 유례없이 각별한 주목을 받는 건 사실이지만, 모든 사람에게는 본래부터 세계 시민의 '유전자'가 새겨져 있다고 말이야. 이런 얘기를 하는 이유는 우리 모두가 세계 시민이 될 가능성과 잠재력을 갖추고 있다는 사실을 강조하기 위해서야. 누구나 세계 시민이 될 수 있고, 누구나 세계 시민의 정신을 실천할 수 있다는 이야기지.

　앞에서 세계 시민의 대표 격으로 앙리 뒤낭, 체 게바라, 그리고 왕가리 마타이를 소개했어. 세계 시민의 특징을 가장 잘 보여 주는 사례를 얘기하려다 보니 유명한 사람들을 다루게 됐지. 하지만 이런 사람

들만 세계 시민이 되는 게 아니야. 만약 그렇다면 이 책을 쓸 이유도 없고 읽을 필요도 없겠지.

세계 시민이 된다는 게 꼭 거창하고 어려운 일일까? 그렇지 않아. 일상생활이나 주변에서 벌어지는 소소한 일들을 통해서도 세계 시민의 정신과 가치를 얼마든지 행동으로 옮길 수 있어. 이렇게 조금씩 쌓이는 작은 실천들을 원동력 삼아 더욱 멋진 세계 시민으로 성장하는 것, 이게 우리가 해야 할 일이야.

작은 일로부터, 내 주변에서부터

다음 이야기는 평범한 학교생활과 친구들 사이에서도 얼마든지 '세계 시민 되기'를 실천할 수 있다는 걸 새삼 일깨워 줘.

아버지 사업 때문에 여덟 살에 우리나라에 온 이란 소년이 있었어. 소년은 한국에서 초등학교를 다녔고, 아홉 살에 천주교로 종교를 바꿨어. 그런데 소년이 이란에 사는 독실한 무슬림(이슬람교도)인 고모에게 자기가 종교를 바꿨다는 이야기를 한 거야. 고모는 이 사실에 크게 화를 내며 소년과 연락을 끊었지.

소년은 고모가 자신을 고발할까 겁이 나 이란으로 돌아갈 수 없었어. 이란은 무슬림 율법이 엄격한 나라야. 소년처럼 믿던 종교를 바꾸면 감금되거나 사형될 수도 있어. 종교를 바꾸는 것 때문에 사형까지 당하다니, 정말 부당한 일이지? 하지만 어린 소년이 '나라'를 상대로 할 수 있는 일은 하나도 없었어. 결국 소년은 6년 뒤에 우리나라에 난민 신청을 하게 되었어.

그런데 소년의 난민 신청은 쉽게 받아들여지지 않았어. 소년은 종교적 박해를 피한다는 이유로 난민 신청을 했는데, 소년이 아직 종교적 가치관이 제대로 성립되기에는 어리다는 이유로 기각되었어.

소년과 아버지는 포기하지 않고 법무부를 상대로 처분을 취소해 달라는 행정 소송(행정 관청의 처분에 불복하여 행정 관청을 상대로 처분을 취소해 달라고 요구하는 소송)을 했어. 쉽지 않은 일이었지. 하지만 이번에도 결과는 좋지 않았어. 1심에서는 난민 지위를 인정받았지만 2심과 대법원에서 그 판결이 뒤집힌 거야. 소년은 눈앞이 캄캄해졌어. 절망만 남았지. 친구들과 같이 고등학교에 갈 수도 없을 테니 말이야.

그런데 놀라운 일이 일어났어. 이로부터 2년 후인 2018년에 소년이 법무부로부터 난민 인정 서류를 받은 거야. 어떻게 그럴 수 있었냐고? 바로 이란 소년과 함께 학교를 다닌 친구들이 힘을 모아 노력해 주었기 때문이야.

소년의 친구들은 그의 어려운 사정을 듣고 청와대 국민 청원 게시판에 글을 올렸어. 자기 친구가 공정하게 난민 심사를 받을 수 있게 도와 달라고 말이야. 또, 친구가 서울 출입국 외국인청에 가서 신청서를 다시 낼 때도 수십 명의 친구가 함께 가서 손 팻말을 들고 친구를 도와 달라고 했단다. 서로 돌아가며 청와대 앞에서 1인 시위도 하면서 말이야.

결국 이란 소년은 난민 지위를 인정받았고 그 기쁨을 친구들과 함께 나눴단다. 이제 소년은 친구들과 함께 고등학교에 진학해 다닐 수도 있게 되었어.

자기 친구를 돕고 싶은 마음은 누구나 갖고 있을 거야. 하지만 대부분 '나는 아직 어른이 아닌데 내가 무언가 할 수 있을까?'라며 마음을 접기 쉬워. 하지만 이란 소년의 친구들은 그렇지 않았어. 어떻게 그럴 수 있었는지는 이란 소년이 다닌 중학교 학생회에서 발표한 입장문에서 힌트를 얻을 수 있어.

상상해 봤으면 합니다. 당신이 태아이고 어머니의 국적을 모른다면 어떻게 하시겠습니까? 어머니는 한국인일 수도 있고 미국인일 수도 있지만 시리아인이거나 예멘인, 이란 사람일 수도 있습니다. 그래도 당신은 난민에 대해 반대하며 추방하자고 말할까요? '난민은 내 문제가 아니라 너희 문제이니 우리 집을 더럽히지 말라'면서 문을 닫아야 하는 걸까요?

이제 우리는 우리의 친구가 받았던 상처를 치유하고 일상으로 돌아가 편안한 삶을 누리기를 소망합니다. 이란 친구뿐만 아니라 그를 돕는 우리 학생들 모두 같은 이유로 잊히기를 원합니다. 다만, 여전히 불안한 삶을 살아가고 있을 많은 사람을 기억했으면 합니다.

그러나 이번 사건이 진행된 일련의 과정은 기억되어야 합니다. 이제 시작인 난민 인권 운동의 작은 이정표인 탓에, 팍팍하고 각박한 우리 사회에 던지는 사회적 약자를 위한 위대한 첫 발자국인 탓에, 여전히 세상의 어둠 속에서 빛을 찾고 있는 이름 없는 사람들이 의지할 희망의 한 사례가 되는 탓에.

친구의 난민 인정 서류를 들고서 왁자지껄 떠들며 환하게 웃는 친구들. 이들이 바로 세계 시민이 아닐까? 이들은 '어른들도 실천하기 어려운 인류애'를 행동으로 보여 주었어. 하지만 그 행동이라는 게 큰 수고나 돈을 쏟아 부어야 하는 것도 아니고 아주 거창한 것도 아니었지. 힘든 처지에 놓인 친구를 아끼고 사랑하는 마음만 있다면 어렵잖게 할 수 있는 일이었어. 이 책을 읽는 여러분도 이와 비슷한 상황에 처하면 이런 일을 너끈히 해낼 수 있지 않을까?

세계 시민은 이렇게 탄생하고 성장해. 작은 데서 출발하기. 내 주변에서 시작하기. 이게 중요해. '세계 시민 되기'는 끝없는 과정이야. 세계 시민으로 가는 길에 마지막 종착역 같은 건 없어. 완벽하거나 완성된 세계 시민 같은 것도 없어. 세계 시민은 어느 날 갑자기 하늘에서 떨어지는 게 아니야. 한 걸음씩 꾸준히 걸어가는 것, 그렇게 끊임없이 '되어 가는' 것이 세계 시민의 참모습이야.

세상을 움직이는 것

이번엔 외국 사례를 살펴보자. 2018년 8월 어느 날 스웨덴 국회 의사당 앞에서 열여섯 살 여학생이 피켓을 들고서 혼자 시위를 벌이고 있었어. 그 피켓에는 '기후를 위한 학교 파업'이라는 글자가 적혀 있었어. 그러니까 이 학생은 등교를 거부한 채 국회 의사당 앞에서 기후 변화를 막기 위한 1인 시위를 벌이고 있었던 거야.

그의 이름은 그레타 툰베리. 그는 학교에서 기후 변화를 배우고선 큰 충격을 받았어. 인간이 일으키는 기후 변화가 이 지구와 문명을 얼마나 크게 망가뜨리는지를 알게 된 거야. 그런데 더 놀란 게 있어. 그렇다면 수많은 사람이 나서서 기후 변화를 막으려고 노력하는 것이 마땅한데 막상 주변을 둘러보니 그런 사람을 찾아보기 힘든 거야. 그레타의 고민은 갈수록 깊어졌어. 그 와중에 몸무게가 10킬로그램이나 빠지고 자폐증 비슷한 병을 앓기도 했다고 해.

그러던 어느 날 그레타는 고민에만 빠져 있을 게 아니라 뭐라도 할 수 있는 걸 해야겠다고 마음먹었어. 마침 그때 미국의 어느 고등학교에서 총기 난사 사건이 터졌어. 이에 학생들이 등교를 거부한 채 총기를 엄격히 규제하라고 정부에 요구하며 시위를 벌였어. 그레타는 이 뉴스를 접하면서 힌트를 얻었어. 그래, 바로 저거야.

그레타가 1인 시위를 벌이던 2019년 여름, 스웨덴을 비롯한 북유럽 지역에는 유례를 찾아볼 수 없는 불볕더위가 덮쳤어. 가장 큰 원인은 기후 변화였어. 당시 스웨덴은 국회 의원 선거를 앞두고 있었어. 그레타는 이때다 싶었지. 그레타는 이렇게 생각했다고 해.

'선거 때마다 정치인들은 기후 변화가 어쩌고저쩌고 떠들어 대지만 실제로는 하는 일이 아무것도 없어. 그러면서 염치도 없이 만날 표를 달라고 요구하기만 해. 이게 말이 돼?'

이런 어른들에게 단단히 책임을 물어야 한다는 각오로 그레타는 8월 20일부터 선거가 치러진 9월 9일까지 등교를 거부한 채 매일 국회 의사당으로 가서 1인 시위를 벌인 거야. 선거가 끝난 뒤에도 그는 매주 금요일마다 기후 변화 해결을 요구하며 등교 거부 운동을 계속했어. 그의 끈질기고도 열성적인 행동은 SNS 등을 통해 점차 알려지기 시작했어. 그러다 그 모습을 담은 동영상이 세계 전체로 퍼져 나가면

서 급기야 수많은 나라 청소년들도 등교 거부 운동에 동참하기 시작했어.

 이에 2019년 3월 15일엔 105개 나라에서 수만 명의 청소년이 등교를 거부하고 기후 변화 해결을 촉구하는 집단 시위를 벌였어. 이날 서울 광화문에서도 많은 우리나라 청소년이 모여 집회를 열었어. 이런 과정을 거치면서 그레타 툰베리는 짧은 시간에 세계적인 청소년 환경 운동가로 성장했어.

 이런 활동에 힘입어 그레타는 2019년 노벨 평화상 후보로 추천받았어. 미국의 유명 잡지 〈타임〉이 뽑은 '세계에서 가장 영향력이 큰 100명'에 선정되기도 했지. 그레타는 유엔에서 열린 기후 변화 관련 대회에 초청을 받아 연설하는 자리에서 이렇게 말했어.

 "어떤 사람은 나에게 기후 변화를 막기 위한 시위를 벌일 게 아니라 기후 변화 문제를 해결하는 기후 과학자가 되라고 말합니다. 하지만 해법은 이미 우리 손에 쥐어져 있습니다. 또 어떤 사람은 나에게 지금은 미래를 위해서 공부를 해야 할 때라고 말합니다. 미래라고요? 아무도 미래를 구하려는 행동에 나서지 않는다면 미래 자체가 사라져 버릴 텐데 무슨 공부를 하란 말입니까?"

그레타 툰베리는 기후 변화라는 전 지구 차원의 문제를 자신의 일로 받아들였어. 지구 전체에서 벌어지는 일이 자신과 연결돼 있다는 걸 명확하게 인식했지. 또한 지구와 자연의 아픔에 공감했고, 기후 변화를 일으켰으면서도 책임지지 않는 어른들에게 분노했어. 그러고선 스스로 행동에 나섰어. 앞에서 얘기한, 세계 시민에게 필요한 '머리'와 '가슴'과 '손발'이 다 움직인 거야.

평범한 10대 청소년이 당장 할 수 있는 일이라고는 혼자 피켓을 들고 서 있는 것밖에 없었어. 하지만 이렇게 시작된 작은 몸짓 하나가 세계를 움직이고 있어.

처음엔 보잘것없어 보이는 행동일지라도 나중엔 얼마든지 커다란 힘을 발휘할 수 있지. 우리 모두는 자기 안에 이미 세계 시민의 가능성과 잠재력을 갖추고 있어. 우선 그 씨앗을 찾아내 싹 틔우는 데서 첫걸음을 내딛으면 돼. 그리고 나서 내 처지와 조건에 맞는 것부터 하나씩 둘씩 배우고 익히고 행하면 돼. 그렇게 우리는 차츰차츰 세계 시민으로 자라는 거야.

기적을 일으키는 힘

세계 시민은 '기적'을 일으키기도 해. 〈빅 미라클(Big Miracle)〉이라는 미국 다큐멘터리 영화가 있어. 다큐멘터리 영화란 실제로 있었던 일을 바탕으로 만든 영화를 말해.

때는 1988년, 당시는 세계적으로 미국과 소련을 두 축으로 한 냉전체제가 끝나지 않았던 시절이야. 이런 때에 북태평양 알래스카 작은 마을 앞바다의 거대한 빙벽에 귀신고래 가족 세 마리가 갇히는 일이 벌어졌어. 멸종 위기에 처한 귀신고래 가족이 먹이를 찾아 이곳까지 왔다가 그만 빙벽에 갇히는 바람에 돌아갈 길이 막히고 만 거야. 고래들은 두꺼운 빙벽에 뚫린 작은 구멍으로 간신히 숨만 쉴 수 있는 상황이었어.

이때 우연히 한 방송사 기자가 위기에 빠진 이 고래 가족을 발견하고 이 사실을 전국에 방송으로 알려. 그리고 국제 환경 단체인 그린피스의 한 자원봉사자가 이 방송을 보게 되지. 이 두 사람은 함께 고래를 구출하기로 마음먹고 활동을 개시해. 이들의 간절한 호소에 이 사건이 국제 이슈로 떠오르고 드디어 사람들 마음이 움직이기 시작해. 고래 가족을 구하는 작전에 환경 단체는 물론이고 마을 주민, 석유 회사, 미국 정부 등이 공동으로 참여한 거야.

이런 상황에서 더 놀라운 일이 벌어져. 냉전 체제 아래서 미국의 가장 큰 '적'이었던 소련이 이 고래 구출 작전에 합류한 거야. 소련이 보낸 두 척의 쇄빙선(얼어붙은 바다나 강의 얼음을 깨뜨리고 부수어 뱃길을 내는 특수한 배)이 거대한 빙벽을 부수면서 고래를 구하는 데 큰 힘을 보태지.

이런 과정을 거치면서 세계의 관심이 이곳으로 집중되고, 매서운 추위 속에서도 26개 나라의

150명이 넘는 기자들이 이 사건을 취재하려고 몰려들어. 고래 구출 작전은 극적으로 성공리에 끝나고, 이 감동적인 장면은 전파를 타고 세계 곳곳으로 중계돼.

서로 대립하고 싸우던 나라나 사람들이 하나의 숭고한 목적을 위해 힘을 합침으로써 제목 그대로 '큰 기적(Big Miracle)'을 일궈 낸 거야. 미국과 소련은 서로 적대하면서 격렬하게 경쟁하는 사이였고, 그린피스와 석유 회사는 동물 보호 구역의 석유 개발 문제를 둘러싸고 대립하고 있었어. 마을 원주민인 이누이트족(에스키모) 사람들은 외부 사람들을 경계하는 성향이 있었어.

　이처럼 입장과 처지, 이해관계가 저마다 다른 이들을 하나로 묶어

낸 건 뭘까? 이들이 일구어 낸 기적은 겉으로는 고래 가족을 구하는 것이었어. 하지만 그 바탕에 깔린 것은 지구 환경을 지키고 죽어 가는 생명을 살리자는, 세계와 인류 전체가 추구하는 보편적인 가치가 아니었을까? 차이와 대립을 넘어 하나가 되고, 저마다 안고 있는 한계를 극복할 수 있는 힘이 여기서 나온 게 아닐까? 그랬기에 다양한 이들의 공감과 소통, 그리고 이를 토대로 하는 참여와 연대가 이루어지지 않았을까?

세계 시민은 한 나라나 집단에 속한 사람인 동시에 지구촌 구성원이야. 그래서 특정한 나라나 집단의 입장을 대변하면서도 지구와의 연결 관계나 보편적 가치의 소중함을 잊지 않아. 사람들마다 제각각 다른 처지와 이해를 감싸 안으면서도 그것을 넘어 더 넓게 뻗어 나가는 공동체의 공적 가치를 앞세울 줄 안다는 얘기지.

게다가 어떤 사회든 세계 시민이 많아질수록 그 사회의 민주주의, 평화, 평등, 정의, 사회적 연대 등의 수준은 높아지기 마련이야. 이런 보편적 가치를 이루려고 애쓰는 사람이 세계 시민이기 때문이지. 그래서 세계 시민은 한 사회를 건강하고 아름답게 바꾸는 에너지를 만들어 낼 수 있어. 비유하자면 '희망 발전소'라고나 할까? 한 사회에 세계 시민이 얼마나 있느냐는 그 사회가 얼마나 성숙하고 튼실한지를 보여 주는 중요한 척도 가운데 하나야. 이처럼 각각의 개별 사회와 지구촌 인류 사회는 세계 시민을 연결 고리 삼아 하나의 길에서 만나.

세계 시민의 뜻과 힘이 하나로 모이면 놀라운 힘을 발휘할 수 있어. 마치 숲에 떨어진 빗방울들이 모여 조그만 시냇물을 이루고, 그 시냇물들이 모여 큰 강을 이루고, 그렇게 만들어진 수많은 강이 흘러들어 거대한 바다를 이루듯이 말이야. 이것이 세계 시민의 힘이야.

우리 한 사람 한 사람은 작은 빗방울일지라도 세계 시민의 깃발 아래 서로 손 맞잡고 어깨동무하면 거대한 바다를 이룰 수 있어. 이런 힘으로 변화가 일어나고, 세상은 차츰 앞으로 나아가는 거야.

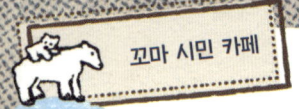

꼬마 시민 카페

자연의 목소리가 세계 시민에게

세계 시민은 다른 목소리를 잘 듣는 사람이라고 했어.

한데 세계 시민이 경청해야 할 것이 꼭 사람만의 목소리일까?

성숙한 세계 시민이라면 자연의 목소리도 들을 줄 알아야 돼.

잘 알다시피 오늘날 이 지구는 심각한 환경 위기를 마주하고 있어.

기후 변화로부터 미세 먼지에 이르기까지 인류 생존과 삶의 토대를 위협하는

환경 문제가 아주 많지. 그 정도도 무척 심각하고.

지구 온난화가 일으키는 바닷물 수위 상승으로 작은 섬나라들이

바닷속으로 가라앉을 때, 오염 물질과 생태계 파괴로 수많은 생물이 사라질 때,

몸에 해로운 화학 물질의 공격으로 사람들의 건강이 무너져 내릴 때 등.

이럴 때 지구는 우리에게 뭔가를 얘기하고 있는 게 아닐까?

이런 자연의 호소나 경고를 우리 인간은 들을 수 있어야 돼.

사람은 지구의 지배자나 정복자가 아니라 자연의 일부야.

인간을 포함한 모든 생명체는 서로 이어져 있어.

생명 세계의 그물망을 벗어나서는 생존할 수도 없고

행복해질 수도 없는 게 우리 인간이야. 자연의 목소리를 들어야 하는 까닭이지.

이는 곧 미래 세대의 목소리를 듣는 것이기도 해.

아직 태어나지 않았더라도 이 지구라는 행성에서 대를 이어 살아가야 할

우리 후손들 또한 이 세계의 같은 동료 구성원이야.

인간을 비롯한 생명체가 살 수 있는 행성은 지구밖에 없어.

그래서 지금 우리가 우리의 욕구나 필요만을 앞세워 마구잡이로 자연을 파괴하고

자원을 다 써 버리는 것은 나중에 미래 세대가 써야 할 몫을 미리 빼앗아 버리는

짓이나 다름없어.

이 세계는 앞으로도 영구히 건강하고 안전하게 지속돼야 해.

우리가 허물어야 할 벽과 놓아야 할 다리는

인간들 사이에만 있는 게 아니야.

인간과 자연 사이에도 있어.

세계 시민이 아름답게 가꾸어 가야 할

세상은 사람만의 세계가 아니라

사람도 그 일부인 생명 세계 전체야.

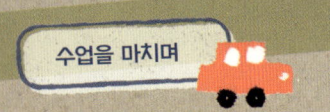

'따로 또 같이' 손을 맞잡고

우주는 언제 생겨났을까? 138억 년 전에 빅뱅(Big Bang)이라는 대폭발이 일어나면서 이 우주는 탄생했어. 우리가 사는 지구의 역사는 약 46억 년 전에 시작됐지. 지구에 첫 생명체가 출현한 것은 약 38억 년 전이고. 말이 쉬워 수십억 년이니 백억 년이니 하지만 도무지 실감할 수도 없고 상상하기도 어려운 기나긴 세월이야. 시간만 그런 게 아니라 공간도 마찬가지야.

우주의 전체 크기는 얼마나 될까? 대략 130억 광년에 이른다는 게 과학자들의 연구 결과야. 그러니까 빛의 속도로 자그마치 130억 년을 가야 우주의 이쪽 끝에서 저쪽 끝까지 도달할 수 있다는 얘기지. 1광년은 1초에 30만 킬로미터를 가는 빛이 1년간 가는 거리야. 우주의 크기가 상상이나 돼? 20세기 초까지만 해도 우주가 이렇게나 넓으리라고는 상상하지 못했어. 많은 사람이 태양과 우리 지구가 속한 은하계가 우주의 전부라고 알고 있었지.

하지만 그 뒤 성능이 발전한 우주 관측 망원

경이 개발되면서 우주의 크기는 수백억 배나 커지게 됐어. 그 결과 이 우주에는 약 1천억 개에 이르는 은하가 있고, 그 각각의 은하에는 또다시 1천억 개가 넘는 태양 같은 별들이 있는 것으로 관측되었어.

이처럼 무한한 시간을 품고 있고 무한한 공간으로 뻗어 나가는 게 우주야. 이런 우주에 비하면 지구는 그야말로 티끌보다도 훨씬 작아. 그렇게 작은 데서 우리는 아옹다옹 티격태격하며 살아가고 있어. 생각의 범위 또한 지구를 벗어나지 못할 때가 많고.

이제 눈을 들어 하늘을 바라보면서 머나먼 우주를 상상해 봐. 밤하늘에 반짝이는 별들을 헤아리면서 저 하늘 너머 아득히 펼쳐진 또 다른 세계를 떠올려 봐. 그러면 티끌보다 작은 존재인 내가 훨씬 깊어지고 넓어지는 느낌이 들어. 나라는 한 작은 인간이 저 광활한 우주와 연결되고 그 우주에 참여하는 듯한 기분이랄까?

세계 시민의 첫걸음은 이런 감각, 이런 생각에서 비롯하는 게 아닐까 싶어. 각자가 속한 나라, 인종, 문화, 언어 등은 저마다 다르지만

우리 인간은 누구나 똑같이 무한한 우주 속에서 먼지처럼 작은 존재야. 끝없이 펼쳐진 생명 세계의 작은 일부에 지나지 않아.

이처럼 생각하는 틀 자체를 확 넓히면 어떻게 될까? 다시 말해 생각하는 방식 자체를 바꾸면 어떻게 될까? 그러면 서로 편 가르고 나뉘어서 다투는 게 우스꽝스럽게 느껴지지 않을까? 나와 다르다고 해서 벽을 쌓고 울타리를 치는 게 어리석게 여겨지지 않을까?

까마득한 우주에서 지구를 내려다본 우주 비행사들이 이런 고백을 했다고 해.

"처음 하루 이틀은 우리 모두 자기 나라가 어디에 있는지 찾아보았다. 사나흘이 지나니 자기가 사는 대륙이 어디인지 찾게 되었다. 닷새가 되자 단 하나뿐인 지구를 보게 되었다. (중략) 우리는 모두 지구라는 어머니의 자녀들이라는 생각이 들었다. 지금 보고 있는 곳이 어떤 나라인지는 상관없다. 우리 모두 지구의 자녀들이고, 우리는 지구를 어머니처럼 대해야 한다는 생각이 들었다."

　이처럼 부분이 아닌 전체를 볼 때, 낱낱으로 분리된 것을 넘어 이들 사이의 '관계'를 볼 때, 서로를 가로막고 있는 벽은 사라지기 시작해.
　무엇이 세계일까? 누가 인류일까? 앞에서 소개한 모든 친구들이 곧 세계이자 인류야. 그레타 툰베리와, 그와 뜻을 함께하는 모든 이가 곧 세계이고 인류야. 죽어 가던 귀신고래를 함께 살려 낸 이들이 또한 세계이고 인류야. 우정과 연대의 어깨동무로 서로 연결하는 것, 더불어 살면서 이야기꽃과 웃음꽃을 피우는 것, 이것이 세계 시민이 이루고자 하는 세상의 참모습이야.
　세계 시민이 펼쳐 보이는 이 조화와 공존의 무대에서 따로 정해진 주인공은 없어. 누구든 무대에 올라 노래 부르고 춤출 수 있어. 우리는 저마다 다르지만 더불어 행복하게 사는 세상을 꿈꾸는 동무들이니까. '따로 또 같이' 하나가 되고자 하는 우리 모두가 세계 시민이라는 걸 기억하자.

세계 시민 수업 ❿ 세계 시민
참여와 실천으로 세상을 바꾸다

초판 1쇄 발행 2020년 1월 20일 | **초판 4쇄 발행** 2023년 8월 14일
글쓴이 장성익 | **그린이** 오승민
펴낸이 홍석 | **이사** 홍성우
편집부장 이정은 | **편집** 정미진·조유진 | **외주편집** 고양이 | **디자인** 권영은 | **외주디자인** 권승희
마케팅 이송희·김민경 | **관리** 최우리·김정선·정원경·홍보람·조영행·김지혜
펴낸곳 도서출판 풀빛 | **등록** 1979년 3월 6일 제2021-000055호
주소 서울특별시 강서구 양천로 583 우림블루나인 A동 21층 2110호
전화 02-363-5995(영업) 02-362-8900(편집) | **팩스** 070-4275-0445
전자우편 kids@pulbit.co.kr | **홈페이지** www.pulbit.co.kr
블로그 blog.naver.com/pulbitbooks | **인스타그램** instagram.com/pulbitkids

ⓒ 장성익, 오승민 2020
ISBN 979-11-6172-181-3 74330
ISBN 978-89-7474-114-3 (세트)

사진 저작권 57쪽 ⓒ spatuletail / Shutterstock.com 83쪽 ⓒ PhotoStock10 / Shutterstock.com
ⓒ Anjo Kan / Shutterstock.com 109쪽 ⓒ Timon Goertz / Shutterstock.com

이 도서의 국립중앙도서관 출판시도서목록(CIP)은 서지정보유통지원시스템 홈페이지(http://seoji.nl.go.kr)와 국가자료공동목록시스템(http://www.nl.go.kr/kolisnet)에서 이용하실 수 있습니다.
(CIP제어번호: CIP2019048904)

＊책값은 뒤표지에 표시되어 있습니다.
＊파본이나 잘못된 책은 구입하신 곳에서 바꿔 드립니다.

품명 아동 도서 **제조년월** 2023년 8월 14일
사용연령 10세 이상 **제조자명** 도서출판 풀빛
제조국 대한민국 **연락처** 02-363-5995
주소 서울특별시 강서구 양천로 583 우림블루나인 A동 21층 2110호
주의사항 종이에 베이거나 긁히지 않도록 조심하세요.
책 모서리가 날카로우니 던지거나 떨어뜨리지 마세요.
KC마크는 이 제품이 공통안전기준에 적합하였음을 의미합니다.